腐敗と格差の中国史

岡本隆司 Okamoto Takashi

NHK出版新書
583

はじめに——中国共産党から考える

共産党とは何か

いま「社会主義」といっても、死語に近い。物心ついたとき、そうした思想・言論がまだまだ優勢で、権威をもっていた。そんな記憶がある筆者からすると、「社会主義」の現状は、うたた今昔の感がある。多くの若い人は、おそらく実感はもてまい。「社会主義」といわれて、それがかつて有した権威のほどを感知するのは、もはや不可能だろう。ともかく知識として、理解するに努めるほかあるまい。

それでも、社会主義がまったく消滅したわけではない。それを信奉する個人・集団・国家は、なお厳存《げんそん》する。そうした存在じたい、確かに人類のこれまで歩んできた歴史に大きな痕跡を残してきたことを物語っていよう。

社会主義という概念は、二つの段階に分けて考えると、わかりやすいだろうか。まず、社会の構成に対する認識。対立する上下の階級に分かれ、生産する下層階級を生産に従事しない上層階級が搾取《さくしゅ》するのを社会のしくみだと措定《そてい》する。ここまでは、学問思想の範疇《はんちゅう》だといってよい。次にその認識にもとづく運動であり、生産手段を社会化することで、搾取と階級を廃絶する革命をめざした。ここからは、政治になる。

そのようすがになるのが、共産党という組織である。下層の労働者階級《プロレタリアート》を社会的基盤とし、その利益を代表する「前衛」として活動する政党であり、社会主義革命を通じた共産主義社会の実現を究極の目標として掲げた。

ひとまずのことばの定義は、そうである。そして共産党と名乗る以上、本来そうした社会主義革命と共産主義社会を実現するための政党でなくてはならない。

共産党と中国

その共産党は世界に決して少なくないし、日本にだってある。けれども政権に就いているものは、数えるほどしかない。そのうち最も巨大で、日本人の運命とも関わりの深いのが、やはり中国共産党であろう。

中国共産党は一九二一年、上海《シャンハイ》で誕生した。日本共産党と同様に、コミンテルンの支部としてである。しかしいきさつまで、日本と同じであったはずはない。

そもそも当時のエリートが考えていた課題は、何よりも「救亡」にある。中国は二〇世紀のはじめから危機の時代であった。帝国主義列強の中国分割が現実味を帯びた時期もある。それが実際にずっと続いたわけではなくとも、知識人エリートの恐怖心・危機感は、一貫して強かった。あるいはいまも、それは継続している。亡国を救い、強国となる。その方途を求めるのが、当時の思潮の主流をなした。

だから体制・政体もそうである。かれらが求めたのは、「救亡」に資する政体だった。逆にいえば、「救亡」に役立つなら、どんな政体でもよかった、というのがむしろ実情であろう。最後にたどりついたのが、たまたま共産主義、最後に勝ち残ったのが、たまたま中国共産党だった。極論すれば、それだけのことである。

それはしかし、結果・現況こそ異なっても、近代を自ら摑《つか》み取ることのなかった非欧米諸国に、多かれ少なかれ共通する行動様式であろう。わが日本だって、決してその例に漏《も》れない。

日本が明治維新を断行し、西洋風の立憲君主制を採用したのも、富国強兵のためであって、そうしなければ、列強に植民地化される、との恐怖心からである。あらかじめ議会制を十二分に理解して、そのものに価値を見出したから、ではない。

そうはいっても、社会主義はといえば、二〇世紀に入って、なかんづく資本主義が行き詰まりを露呈《ろてい》した戦間期から、世界のインテリの間で、比類なき権威を保った。これまた、日本も例外ではない。

ロシア革命・ソビエト連邦の存在も大きかった。戦後はなおさら、そうである。当時は社会主義、とりわけマルクス主義は、ロシアのみならず世界にひろがった。インタナショナル、国際共産主義運動と呼ばれたように、国際主義的な結合も、共産党の重要な特質だったのである。上にあげたコミンテルンは、かつてそれを実在させた組織であった。

だから社会主義が二〇世紀の世界政治で、一方の主役を務めたことはまちがいない。東アジアでもそれを信奉し、独自に政権化した巨大な中国が存在していた。日本の知識人の多くにとっても、中国はソ連と並んで、やはり期待希望の星で、手放しの傾倒ぶりだったのである。

しかしそれは、もはや歴史になってしまった。共産主義運動・共産党は、その限界を露呈し、一九八九年の東欧革命と九一年のソ連解体によって劇的に崩潰《ほうかい》する。いまや社会主義・共産主義は、世界でごくマイナーな存在と化した。

反「腐敗」キャンペーン

そんな情況のなか、中国共産党はなお政権を掌握し、中国に君臨している。現在は周知のように習近平《しゅうきんぺい》体制であり、はや二期めに入って久しい。発足当初、力量も政策も未知数だったかれの政権は、次第に安定感を増し、今日に至っている。

前政権の時よりも、条件は厳しかった。日米ほか周辺国と対立を深め、しかもかなり経済が減速、成長も鈍化したにもかかわらずの政権安定と権力集中であるから、その手腕はあなどれない。

その柱となっている事業のひとつが、反「腐敗」キャンペーン。習近平が国家主席就任当初より、一貫して力を入れてきたものである。目立つところでは、かつて中国共産党の中央政法委員会書記などを歴任した周永康《しゅうえいこう》が、二〇一五年六月、無期懲役刑に処された。これをはじめとして、党や軍の大物の不正汚職を摘発している。

内外どうせ口先だけ、とたかをくくっていた向きも少なくなかったから、世界を驚かせるに十分だった。大物だけではない。局外からはみえにくい、おびただしい小「腐敗」に対する締めつけも厳しかった。一日に五百人以上の処分があったとも伝えられる。

中国に多少なりとも関わりのある外国人には、「乾杯」がつづく盛大な接待の宴会が、かつてはおなじみであった。ところがこのキャンペーンのあおりで贅沢禁止令が出て、そんな宴会もできなくなる。

宴会ばかりにとどまるはずもない。多かれ少なかれ、通常の仕事や生活にまで、翳《かげ》を落としている。反「腐敗」はそうした事情もあって、静かな抵抗に遭っているとも伝えられ、実際どこまで効果が上がっているのか、外野席にいては摑みづらい。

それでも「腐敗」と聞けば、その語感だけで唾棄《だき》、排撃すべきネガティヴな現象、弊害を想起するから、反「腐敗」といえば、逆にポジティヴな政策、善政になる。とりわけ「腐敗」の射利《しゃり》・余沢《よたく》にあずかれない庶民の感覚・感情としては、なるほどそうにちがいない。習近平政権はおそらくそこで民衆の支持を博した、とみる向きもある。

しかし十分に納得はいかない。そもそも共産党は、上下の階級をなくし、平等社会を実現する目的でできた集団であり、反「腐敗」はいわばあたりまえ。にもかかわらず、あえて呼号しなくてはならない現状が厳然としてあって、「救亡」をになう共産党が、反「腐敗」をとなえて政権運営の一つの柱としている。奇妙といえば、奇妙ではないか。

歴史からさぐってみる

そんな目前の現代中国をどうみればよいのか。「救亡」と「腐敗」との関係は、どのように理解すればよいのか。問題をもう少ししぼって、それほどに共産党政権が目の敵《かたき》にする「腐敗」は、どのようにして生まれるのか、と問うことも可能だろうか。隣接するわれわれにとっても、大きな謎である。

腐敗といっても、もとの腐るモノがなくてはありえない。それならそのモノは、いつできたのか、またどのように腐っていったのか。それをさぐることが、社会主義が退潮した後も実権を握りつづける中国共産党政権、ひいては現代中国の実相の解明に役立つのではないか。

中国はおそらく、世界で最古の官僚制を有する国家の一つである。同じ時代ならローマ帝国が、同じ型の国家を作り上げた。ところがローマ帝国の解体滅亡とともに、その官僚制も最終的に崩潰する。少なくとも西欧では、一から作り直しになった。中国ではそれに対し、紆余曲折はありながらも、ひとまず一貫した連続性を有する。少なくとも当事者たちの主観は、そうにちがいない。

つまり歴史がすこぶる古いわけで、弊害もしたがって、いよいよ根深く筋金入りである。

重視すべき目前の「腐敗」も、おそらくそこからもたらされたもので、その由来と推移を明らかにするには、過去の事例およびその経過をつぶさに跡づけてゆくしかない。そこが本書の主たるねらいとなる。

まずあつかう時代と対象の全体的な見取図を示しておこう。中国の官僚制は、皇帝支配がはじまるとともに、いわば皇帝制と表裏一体のものとして誕生した。紀元前三世紀・秦《しん》の始皇帝の時である。

もっとも、それで即、完成したわけではない。現在につながる官僚制の枠組みができあがったのは、それから千年以上たった一〇世紀以降の時代である。そこまではいわば、中国官僚制の形成期であった。

そこで第Ⅰ章は、一〇世紀までの歴史的な経過をたどって、官僚制のできあがるプロセスをみることとし、第Ⅱ章では同じ時期、形成の途上にあった官僚制の有した機能とその変遷を跡づけることとする。

現在に接続する中国官僚制は、かくて一一世紀以後、明確に成立した。その内容を具体的に把握するため、個別事例をつぶさに観察したい。とりわけそこで顕著な現象が、われわれのいう「腐敗」であった。その様相と「腐敗」が恒常的に発生するメカニズムを第Ⅲ

章で考える。

「腐敗」は是正しなくてはならない。それがわれわれの通念である。しかし往時の中国では、その「是正」にとりくんだ史実は、数えるほどしかなかったし、また必ず失敗に終わった。第Ⅳ章はその顚末《てんまつ》を紹介し、ひいては歴史的な中国の政治社会のありようをみる。

近代に入って西洋思想で武装し、史上の弊害の克服をめざしたのが、中国革命にほかならない。中国共産党も実にその所産の一つであった。それなら第Ⅴ章以下に語るところは、今なお決して過去になっていない未完の事業なのである。

腐敗と格差の中国史　目次

校閲　猪熊良子
図版作成　手塚貴子
ＤＴＰ　佐藤裕久

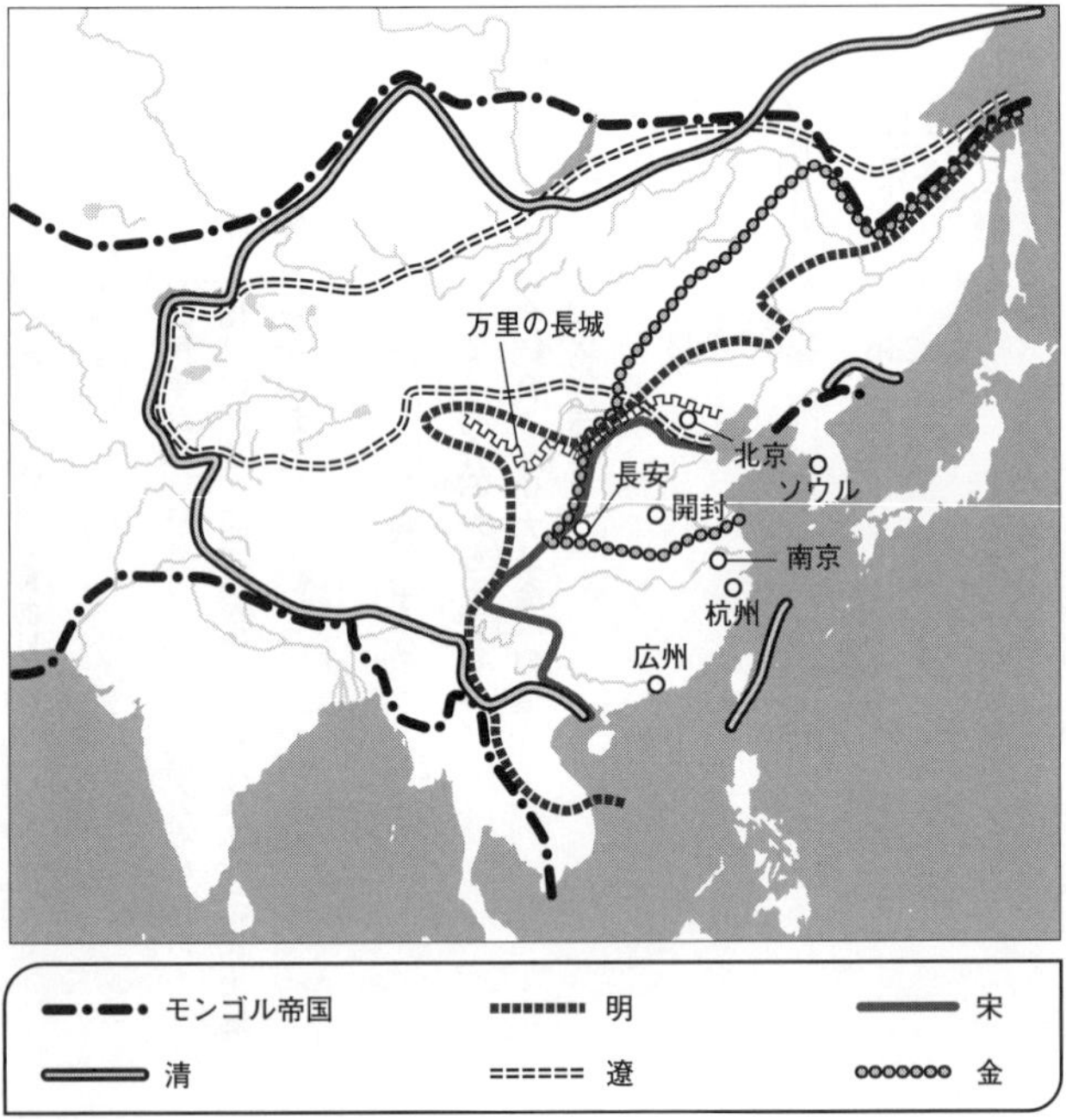

中国全土図

（出典）宮崎市定『中国史（下）』岩波文庫、2015年

I 格差——士と庶はいかに分かれたか

1　皇帝という体制

「天」と「天命」

中国の政治体制を裏づける思想は、「天」という概念と切り離せない。その「天」から下された命令、すなわち「天命」を受け、天下を治める、というのが史上の中国で政権が発足する正当な手続きである。

もちろん今日的な考えでいえば、天は実体のある存在ではないから、この手続きはフィクションだといってよい。けれども最高の権力は、不可知で超越的な存在から授かるというのは、古今東西、普遍的にみられる現象である。天であろうと神であろうと、あるいは民意であろうと、それが目に見えてわかる形で実在することは、かえって稀《まれ》ではないだろうか。キリスト教会であれ、選挙であれ、それが神の声・民の声をそのまま正しく代辯《だいべん》しているとは、まさか誰も信じまい。要は手続きがその時々で、どれほど納得できるか、という程度の問題である。

その意味で、世界史的にみれば、中国の政権発足・権力発動の手続きに何ら奇妙なところはない。そうはいっても、そのありようが現在、われわれの常識といささか異なっているのは確かである。そしてそれが、眼前の政治体制そのものの異同をもたらしていることもまちがいない。ともかくまずは、歴史的な出発点からたどってみよう。

権力の源泉が天である以上、その主権者は必ず一人である。天は一つである以上、その意思・命令が二つあるはずはない。だから天命は必ず一点に下り、天命を受けた主権者も、やはり一人である。それが「天子」であり、その天子が所在するところを「中華」「中原」「中国」という。いずれも、天下の中心という意味のタームにほかならず、たとえばChinaという、どこか特定の場所を指す固有名詞ではない。だから「中国は一つ」なのである。それはいまも、変わっていない。

天から命ぜられるので、中国の最高権力者にまつわる称号には、「天」という文字がつく。「天子」というのが最もポピュラーであり、通時代的であろうか。日本人にはなじみが少ないかもしれないけれど、紀元前の昔から二〇世紀まで通用する称号であるので、おさえておいてほしい。

あるいは「天王」という称号もあった。これは紀元前三世紀まで命脈を保った周《しゅう》王朝の君主を指して言ったものである。周は中国の旧思想、とりわけ儒教が治世の黄金時代を現出したとみなす政権だった。君主と天の結びつきは中国政治の揺籃《ようらん》期から、すでに切っても切り離せない関係にある。

皇帝の創出

もっともその種の黄金時代は、ほとんど「理想化された」伝説といってよい。そのリアルタイムの実相は、目下より厳密な研究を通じ、次第に明らかになってきている段階にある。とにかく今は、黄金期をフィクションだとわきまえておけば、それでよい。

文献にある史実として、むしろ確実にわかる時期は、春秋戦国《しゅんじゅうせんごく》という乱世である。「天子」「天王」だった周王は、すでにほぼ有名無実の存在で、ほどなく存在自体も消滅した。

それに代わって君臨したのが、秦の始皇帝。いうまでもなく戦国時代の群雄割拠に終止符を打ち、「天下」を統一し、はじめて「皇帝」と称した人物である。ここで「天子」は「皇帝」と等しくなって、以後二千年にわたり、それがつづいた。皇帝制度の出発である。その意味では、始皇帝の登場は史上、大きな変革たるを失わない。

もちろん秦の始皇帝が称した「皇帝」という君主の中身が、そのままずっと一貫して変わらなかったわけではない。政治史的にいえば、むしろ同じ字面で「皇帝」と表記するのが憚《はばか》られるほど、時代によって、局面によって、その性格や役割、あるいは力量は異なっていた。

しかしそれでも、通時的にかわらなかったものがある。天命とのつながりであり、武力とのつながりである。前者を権威・後者を権力と言い換えれば、中国の皇帝体制は、両者を一身に集約したところに成り立っていた。

天命・権威は表象はあっても実体がなく、武力・権力は装いはまるで皆無、実体しかない。だから双方あい補う関係にある。これは政権を成り立たせる構造として、おそらく古今東西、異なるまい。ただ両者別個に存在できなかったところが、皇帝を戴《いただ》いた中国史の特徴である。具体的な武力・権力を独占できなくては、抽象的な天命・権威を全面的に保ちえない。ここに皇帝体制の要諦があり、たとえば天皇制の日本史とは、隔《へだ》たりのあるところである。

二千年のあいだ、中国に君臨するその主権者となる要件は、多様な変化をみせた。史実をみてゆくと、その出自もさまざまである。けれど

図表1　始皇帝

も天命と武力を一体化する観念・システムだけは、一貫して不変だった。それが「天子」「皇帝」という漢語の称謂《しょうい》で表現されてきた、といったほうがよいかもしれない。

始皇帝の位置

秦の始皇帝は最初に「皇帝」を称した君主であるから、皇帝体制の創始者にまちがいはない。その史実によって、教科書にも必ず出てくるので、とても著名である。兵馬俑《へいばよう》など遺跡の発掘・整備もあって、いよいよ知名度は高くなった。しかしかれの登場と治世を、ことさらクローズアップし、重要視して、エポックメーキングとするのには、少なくとも筆者は、やや躊躇《ちゅうちょ》する。

かれ自身、精力的に活動し、新政策を実行し、多くの事蹟・遺跡を残したのは確かである。とはいっても、かれの君位が父祖から受け継いだものであるのと同じく、その発想・事業も、従前の思潮・情勢を受けたものだった。秦始皇がオリジナルに創始したとか、かれの時にまったく新規にはじまったものは、存外に少ない。

秦始皇が成し遂げた統一は、「天下」規模の中央集権を実現した。それは史上初なのかもしれない。しかし中央集権というなら、すでに戦国の各国内部ではじまっていたものである。軍事的・政治的な権限は、多かれ少なかれ君主の一身に集まったし、地方の自立性はつとに弱まっていた。各国の中央政府が各地を直轄《ちょっかつ》し、画一的に治める方向も顕著になって、これがいわゆる郡県制《ぐんけんせい》に帰結する。内容はあらためて、くわしく述べたい。ここでは地域、さらには各国を跨《また》いだ交通往来の活潑《かっぱつ》化と、それを生み出し、また利用する人々の広域的な活動が、その背景にあったことに注意しておこう。

むしろ社会や制度がつとに、長きにわたって、滔々《とうとう》と「天下」統一と「皇帝」体制に帰結する方向に駆動していたのである。たまたまその一つの節目に、始皇帝がいたにすぎない。そこを自身の実力・達成と履《は》き違えて、あまりに精力的、独善的に動いたところに、短命に終わったかれと秦政権の悲劇があった。のちに「過秦《かしん》（やり過ぎた秦）」と非難されるゆえんでもある。

だとすれば、注目すべきは始皇帝個人よりも、むしろ当時の全般的な趨勢《すうせい》のほうであろう。かつて「王」と称していた「天子」が、「皇帝」となったのは、単に君主の名称や位階がかわったというにとどまらない。

社会の構造変動

かつて周王朝の黄金時代には、世襲封建制が存在していたという。身分・地位が固定し、代々世襲で決まっていた社会であって、「王」といっても、その頂点にはありながら、いわば位階序列の一部をなす存在でしかなかった。

しかしそうした制度は、春秋戦国の乱世になって、崩潰の一途をたどっている。自らの地位は、実力本位で決まった。日本風にいうなら「下剋上」とでも称すべき社会の変動が、中国ではすでに紀元前の時代におこっていたのである。これを「天地の一大変局」と表現し、後世に定着する中国社会の原型・起点を、ここに見ようとする学者も、古くから少なくなかった。

その当否は一概には断じがたいものの、このとき身分・階級に拘束・格差の少ない、相対的にフラットな社会が現出したことはまちがいない。またそこに、すべてに対し超越的な至尊の地位が生じる契機もあった。だから皇帝体制もいわば、そうした「変局」の所産の一つであり、大きな社会変動の一環としてとらえたほうがよい。

その証拠に、秦を継いだ漢《かん》王朝も、皇帝を戴く体制になる。秦の統一が始皇帝の死後、まもなく土崩瓦解《どほうがかい》したのち、数年におよぶ楚《そ》・漢の争覇を通じて、そのリーダーたち自身は、「皇帝」即位に必ずしも積極的でなかった。秦を滅ぼした項羽《こうう》は、西楚《せいそ》の「覇王」にとどまっている。かれを打倒した漢王の劉邦《りゅうほう》も、とくにすすんで皇帝と称しようとはしなかった。それにもかかわらず、けっきょく推戴を受けて、「皇帝」に即位した。始皇帝を後継するには、やはり「皇帝」でなくてはならなかったのである。

そこに作用していたのは、求心的な政治勢力の動向と、それを生み出し、またそれによってできあがった「一君万民《いっくんばんみん》」的な社会構造であった。皇帝体制の成立はしたがって、君主の名称・身分にとどまらない、国制全体の問題なのである。

2　官僚制の成立

史上の官僚制

こうした政治・社会の成り立ち・ありようにみあう統治機構が、いわゆる官僚制である。身分・階級に格差の少ない、フラットな社会だという点では、現代日本も古代中国と同じであった。そうした社会を統御するのは、官僚制がふさわしいのであって、そこは現代の日本を連想すればよい。中国はそうした理由から、官僚制が世界で最も早くから発達した場所の一つをなしたわけである。

もっとも、普通に官僚制といえば、いまの日本と同じく、リアルタイムの現代世界に存在し、機能しているものだから、上に使った歴史用語は、あくまで譬喩《ひゆ》・アナロジーである。現代のいわゆるビューロクラシーと全くの同一物であるはずもない。またその中身も場所・時期によって、まちまちである。ここでは、その最大公約数的な定義として、専ら《もっぱ》行政に従事する官吏《かんり》が組織する、上意下達のピラミッド型集団というくらいで、理解しておきたい。

いわゆる「官吏」、お役人というのは古今東西、政府権力が存在するかぎり、どこにでもいる。したがって、それがいかなる性格をもち、いかに組織だっているかが、その社会・時代を特徴づける一つのメルクマールになる。

とりあげている時代・紀元前の中国では、官僚制という姿をとった。つまり意思決定をおこなう元首・上位機関に忠実な指揮系統を有する官吏の組織が存在したのであり、それが一元化して全土を覆《おお》ったのが、いわゆる「天下」の統一である。

だとすれば、天下統一の内容は、一つの中央政府とそれが束ねる各地の政庁がある、という構成になろうか。実際に作動した具体的制度として、いわゆる郡県制があったと考えるとよい。

郡県制とは何か

郡県制は教科書に必ず出てきて、また必ず覚えさせられる用語でもある。しかしその中身は、存外に知られていないのではなかろうか。

「郡」「県」といいながら、実体のあるユニットは県のほうであり、県とは中央政府が直轄する最小の行政区画を意味する。直轄というところがミソである。かつて日本の明治維新で「廃藩置県」という大改革があった。それは半ば自立していた地方勢力の「藩」・大名を廃して、代わりに中央直轄の「県」を設置したことをいう。

「県」という漢字は、正字が「縣」で、「糸」でぶらさがっている様態を示す。同義語に「懸」があり、「かける」「かかっている」と訓じ、いまはこちらが、その意味で通っている。つまりは中央のヒモ付き、というわけである。

もっともその県は、何もない、誰も住んでいないところに置かれたはずはない。どんな県であれ、もともとは周王朝の時代から存在していた聚落《しゅうらく》である。これを古来「邑《ゆう》」と称した。だから県と邑の実体は、同じである。

「邑」といえば、日本語だとつい「ムラ」と読んでしまいがちな漢語ながら、しかし原義はちがって、中国ではむしろ城壁に囲まれた密集聚落を意味する。英語だとcityにあたるから、むしろ都市と呼んだほうがよい。日本人がこれを「ムラ」と訓じるのは、日本にはムラ・村落という形態しか、聚落が存在しなかった歴史を物語っている。

中国の「邑」は元来、それぞれ自立した聚落だった。あたかも一つの国をなしていたので、学界ではたとえば、「邑制国家」などといいならわしている。けれども時代が下るにつれ、その自立性に強弱の差が出てきて、強い邑が弱い邑を従属させ、まとまった大きな国を形成して、広域を支配するようになった。その行きついた先が、戦国の争覇であり、勝ち残った秦の天下統一だったのである。

「邑」に由来しながら、中央の首都に属したので「県」と名称がかわったわけである。そのため後代も、「県」を「邑」と同義でいいかえることが多い。

県をいくつかまとめて、グルーピングしたものが「郡」である。この漢字の「つくり」の「おおざと」は「邑」と同じでそれを略したもの、邑＝県が群《グループ》をなすというのが、オリジナルの字義だった。

この「郡」は、いくつかの県を束ねて、上から監視する役割をもつ。そうした機能は、のちに「州」や「府」というものが担ったから、制度の名称も変わった。必ずしも「郡県」制が中国史を一貫して存在していたわけではない。けれども末端のユニットが県で、それをグルーピングし、統轄してゆく制度原理は、まったく変わらなかった。つまり官僚制を形づくった枠組は、二千年の間、一定不変だったとみることもできる。

地方自治

もっとも、いかに枠は同じでも、その内外まで変化がなかったわけではない。むしろ大いに動態的だった。流動的な内容物とそれを固定的に枠づけようとする制度、この両者のせめぎ合いが中国史のダイナミズムともいえよう。

郡県制はそれ以前の「邑」を基盤にできたものだから、県の内部は邑の特性を濃厚に残していた。つまりは古来の自立性、コミュニティの自治的な伝統がなお生きていたところがみのがせない。

その指導者をたとえば「三老《さんろう》」とか、「父老《ふろう》」などと称する。「老」といえば現代日本人の感覚では、何やら社会の中堅からははずれた、ネガティヴなイメージがあるけれども、本来の漢語はそうではない。「老」は高齢という意味を含むことも多いものの、それよりも尊敬を意味し、リーダーの敬称である。

この場合は顔見知りの地域社会の顔役・名望家といったところで、その指示・嚮導《きょうどう》にコミュニティの成員は従順だった。かれらが地域内部の教化や治安をつかさどり、訴訟や徴税にあたっていたのである。いわば地方自治であって、こうしたありさまは、秦の「天下」統一以後もかわらない。

県をつかさどる官吏を「県令《けんれい》」という。今ならさしづめ県知事であり、中国でも後には、「知事」という名称になる。だが今の日本のように、選挙で任じられるイメージを抱くと、正しくない。県が中央のヒモ付きである以上、県令もあくまで中央政府から派遣されるのが常だった。

そうすると広い中国のこと、往々にして見ず知らずの、ことばも通じないところに赴任させられる。だから地元の名望家と良好な関係を築いておかないと、実地の行政はすすまない。そうした事情を解せずに、異邦人の県令が一方的に、頭ごなしに中央の多大な要求を地域に強要したところに、「過秦」の失敗の一因があった。

後継の漢王朝はそうした弊害をつぶさに経験して成立した政権である。そのため地元の意向を尊重しながら、漸進《ぜんしん》的に秩序を確立してゆく方針をとった。漢の政権が前後四百年と長持ちしたのは、そうした方針による地方行政が、比較的うまくいっていたことを意味する。

游侠勢力

何せ地域が自立性に富んでいた。いわゆる「天地の一大変局」以後、社会も世襲制度が崩れ、流動性が増したから、当初は人物も人間関係も、多種多様であった。それが記録にも残っている。最たる事例は「游侠《ゆうきょう》」とよばれる連中だろうか。

「游」は遊撃の遊に同じ、本拠・根っこの定まらない、流動的という意味である。「俠」は「任俠」と引き伸ばせば、わかりやすいだろうか。今の個人ならヤクザ、組織なら暴力団などをイメージすればよい。ひらたくいえば、男伊達《おとこだて》をみがく独立不羈《どくりつふき》の人士であり、往々にして社会的な常識や秩序を顧慮しない。自らの信義を重んじるあまり、身を賭《と》した暴力行為も厭《いと》わなかった。権力に抗し、治安を乱しがちである。「刺客」としても頻繁に登場した。そこは今昔・日中ともに変わらない。

いまの日本ならまちがいなく、反社会的存在である。しかしこのころの中国では、むしろ社会で普通に存在し、また権力の側も積極的に利用した。戦国時代には、各国の有力者がそうした游俠の徒を多数かかえ、小さからぬ勢力を築いていたのである。

天下を統一した秦にとっては、そんな勢力は国内統治の妨《さまた》げになるから、もちろん弾圧を加えた。それが容易に効果をあげなかったのは、秦政府の権力が在地に浸透せず、社会を掌握できなかった事実を物語る。

秦王朝が短命に終わったのは、地元の勢力家を軽んじたのにくわえ、游俠たちをうまく統御できないまま、あげくにその反撥《はんぱつ》を買い、叛乱《はんらん》を招いたからである。秦を倒した項羽に取って代わった漢の高祖・劉邦も、游俠たちの一人にほかならない。

漢の政権はそれだけに、各地で自立的だった游俠勢力の扱いに、細心の注意を払っている。秦のように法律ばかりにものをいわせて、力づくで弾圧はしなかった。そうしては、地下化し潜勢力となって、かえって反政府活動を培養してしまう。むしろ游俠勢力を権力内部にとりこむ方針をとった。そこで台頭してきたのが儒教である。

俠と儒

儒教は父子・長幼といった血縁など、人為的に動かしがたい固定的な人間関係を基軸として、モラルを設定する教えである。教義に即応した儀礼行為の実践を通じ、上下優劣の関係を決めて、安定した秩序を構築しようとするねらいをもっていた。固定的な上下関係を重視するため、実力競争にはそぐわない半面、社会が平穏になってくると、それを維持するには、むしろ都合がよい。

一言でいえば、腕力よりは学問、実践よりは様式を重んじる方向である。漢の統治を全体的にみると、「俠」を「儒」に置き換えていった、といってよい。

社会に大きな勢力を誇った游俠の徒も、そうした趨勢に応じて、次第に転身していった。むしろ儒学の徒になることで、自らの勢力を維持、拡大しようとしたのである。さもなくば、ほんとうに反社会的な勢力にならざるをえない。時に紀元前一世紀、中国はそんな時代になっていた。

最も反抗的な游俠勢力がとりこまれるくらいだから、通常の地域コミュニティは手もなく権力にとりこまれた。儒教・学問を通じて権力に従順になり、その庇護《ひご》を受けることで、在地の有力者たちは勢力を伸ばしていった。逆に権力の側は、そうした有力者から官僚制をになう人材をとりたてることで、社会と政治が有機的に結びついた。かくて皇帝を頂点とする中国の官僚制は、在地社会の自治と嚙《か》み合い、これを包摂してゆく形で確立したのである。

3　門閥主義から賢才主義へ

豪族勢力の伸長

人間がひしめく社会は、生き馬の目を抜く競争で成り立っている。弱肉強食であるのは、古今東西かわらない。強者は弱者を圧倒し、勝者と敗者を生み出す。

今日的な観点で、人間は平等、関係は対等なのが理想ではあっても、現実の世界には、ほぼありえない。それもやはり、いつでもどこでも同じだろう。ちがうとすれば、優劣の競い方、勝敗のつけ方、あるいはそれを納得するあきらめ方にすぎない。

中国では漢王朝ができるまで、その基準は個人の才幹と業績によっていた。あくまで本人の力量の優劣で、上下・統属関係がきまったのである。それが漢の統一以降、次第に権力・官僚制を基準にしたものに変わっていった。

こうした動きがはじまったとき、そのようすがになったのが儒教である。統一の御代、平和のもとで、人々が争うのなら、その強弱・優劣は可変的、流動的であるより、固定的、不可逆的なほうが、秩序・治安の維持に都合がよい。だとすれば、人間のつながりを固定的な上下関係で整序するコンセプト、行動を一定の礼儀作法で管制するパフォーマンスは、まさに時代の要求に応じていた。

戦乱のあと、疲弊《ひへい》した時期にある。争いはもうたくさん、競うなら、腕力・知能よりも品位・徳行のほうがふさわしい。これは上の権力のみならず、下の社会からも強かった要請だった。儒教が優勢になったゆえんである。

直接的具体的にいいかえてみよう。人材を評価するには、儒教スタンダードの徳行・礼儀という挙措《きょそ》が、まず問題になった。それによって、固定的な尊卑、上下の関係が決まる。そのさい往々にしてポイントになったのは、一人一人の資質や才覚、努力より、そうした挙措をしつけ、品格を身につけさせる組織・環境・条件である。

そうした教育機能は昔のことだから、やはり最も身近な一族が担っていた。そうすると、勢力のある家柄が優越するのが当然である。一族全体の強弱優劣が、属する一人一人の評価を左右した。それが次第に、動かしがたい趨勢を形づくってくる。

学界では、こうした権勢を有する一族・家柄を、「豪族《ごうぞく》」という概念で表現するのが普通である。次代の主役たちは、そんな豪族出身の人びとだった。

貴族の形成

官僚制は官吏・官僚がいなければ、組織できない。それなら官吏になるべき人材の選抜、確保をどうするかが、官僚制存立の第一の課題である。とりわけ登用、初任官は、まるで経験・実績のない青年が相手となるから、そこで「選挙」が重要となってくる。

「選挙」という漢語は、いまは投票と同義である。けれども元来は、こうした人材選抜のことをいった。かつて「郷挙里選《きょうきょりせん》」とも熟したように、もとは「郷」「里」という在住している地元のコミュニティから、官吏にふさわしい資質をそなえた、優れた若者を推薦する、という意味である。

そうはいっても、当時はその推薦・任官に、確たるルールも先例もなかった。本人の人物・素行をいちいち調査し、その才能品行をみきわめたうえで推薦するわけではないし、できるはずもない。

それなら、どうすればよいか。知名度の高い、世間的に評判のよい勢力ある一族の子弟を選んで、かれらに任せてしまうのが、民間社会にとっても、政府権力にとっても、もっとも容易で確実である。

そんな名士がひとたび栄達すると、その一族の声望があがって、同族から高官を輩出する。特定の勢力家・豪族が、政府の要職を世襲的に占めつづけるようになった。次第に人間関係も、上と下に整理、少数の勢力家と大多数の零落者に固定化されてくる。いわゆる豪族の勢力拡大は、時代の必然だったのかもしれない。

漢代の後半、中興した後漢王朝は、おおむね西暦紀元からはじまり、二百年ほどの平和を保っている。その時代は、こうして高い地位につく家柄が決まって、いわば名家・門閥が形成される過程でもあった。

そうした動きを最もよくあらわすのは、袁《えん》氏の一族であろう。四代にわたり、人臣を極める高官を出した、当代屈指の名門だった。のちには「三国志」の英雄、袁紹《えんしょう》・袁術《えんじゅつ》がその出身として著名である。

こうなると、もはや並みの豪族・勢力家ではない。学界では通例、これを「貴族」と称して区別してきた。あえて「貴族」というのは、勢力を有するだけでは、その属性が決定しないからである。

もちろん有力でなくては始まらない。しかしそれは最低限の必要条件にすぎず、一流になるには、加えて高貴でなくてはならなかった。勢力の有無大小だけではなく、貴賤《きせん》という概念基準がいっそう重要になってくる。しかもそれが個々人ではなく、一家・一族を単位に考えたところも、みのがしてはならない。そうした貴族が、やがて高位高官を独占し、官僚制を牛耳《ぎゅうじ》った。これを「貴族制」という。

時に三世紀から四世紀にかけて、漢王朝が滅び、統一の時代が終焉《しゅうえん》をむかえ、複数の王朝政権が同時に並立するのと、あたかも時期が一致する。政治・政権とともに、社会の制度・構造も変化をはじめた。中国史はここでどうやら、またもや新しい時代に入ったようである。

九品官人法と門閥主義

貴族制の成立を助長したのが、九品官人法《きゅうひんかんじんほう》であった。西暦二二〇年、漢王朝滅亡・三国分立の時にはじまり、著名な科挙制度ができるまで、およそ四百年の長きにわたって続いた官吏任用制度である。

九品官人法とは官職を「九品」、つまり上下九つのランクに分け、それぞれを才能・資格・実績に応じ、各人に割り振ってゆくシステムで、政権の交代にあたり、あくまで官僚制を合理的、かつ有効に運営していこうとするねらいがあった。

しかしそうした所期の政治的なねらいは、現実の社会の動向によって、次第に変形を加えられてくる。問題の焦点は、初任官に対するランクの割り振り方にあった。初任官にいかほどのランクの地位を得るかによって、おおむね将来のぼりつめる出世コースが決まるしくみになっていたからである。そしてそこに多大な影響を与えたのが、当時の社会通念だった。

初任官の決め方は、原則として従前の「選挙」とほとんど変わっていない。すなわち地元の評判・推薦である。だとすれば、その推薦評価のしかた・基準が問題であって、そこに家柄を重視する社会の観念が作用し、名望家・勢力家の子弟ほど、高く評価することが通例と化していた。個々人の人格・才能は問題ではなく、門地の権勢・声望が「選挙」・任官の基準となったのである。

こうして高いランクの官職に、名望家・勢力家が集中する。人口に膾炙《かいしゃ》し、教科書にも出てくる「上品《じょうひん》に寒門《かんもん》なく、下品《かひん》に勢族《せいぞく》なし」というのは、そんな世相をあらわしたフレーズにほかならない。「上品」つまり高位の官職は、「勢族」つまり豪族が独占するところで、それがくりかえされ、堆積《たいせき》して家柄のランクと化し、自ずと全国的に希少、かつ高貴な名門を生み出していった。

声望のある高貴な家柄が定着してしまうと、それ以外は下賤《げせん》だと切って捨てられた。同じく官途についたにもかかわらず、高位を独占する門閥と下積みに沈淪《ちんりん》しつづける人々とが、かくて截然《せつぜん》と分断される。ここに貴賤の差別が牢乎《ろうこ》と固まった。

貴族制の発展

貴族制が発達した時期の中国史は、俗に「六朝《りくちょう》」、あるいは南北朝《なんぼくちょう》といわれる。「三国志」につづく時代で、四世紀から六世紀、読んで字の如《ごと》く、中国内にいくつもの王朝政権が並び立ち、入れ替わった時代でもあった。

貴族制が完成の域にまで達したのは、漢王朝以来の中央政権の流れを汲み、長江《ちょうこう》流域の新開地で盛衰《せいすい》交代をくりかえした、いわゆる南朝である。北方から移住してきた貴族たちが、一貫してその社会の上層を占め、権威を維持しつづけた。

かれらは自ら帝位に即くことはなかった。必要がなかったからである。帝位に即かずとも、軍事力・権力を掌握して君臨したはずの天子よりも、社会的な声望がはるかに勝《まさ》っていたし、本人たちもしばしば公然と皇帝を見下した。

家格で貴賤が決まり、その貴賤で社会的な尊卑が決まる、という通念が定着していたからである。由緒ある家門を有した貴族の前では、たとえ皇帝であっても、単に天の配剤・一時の僥倖《ぎょうこう》で政権を執った成り上がり者にほかならない。こうした通念にもとづく差別意識・身分感覚が、貴族制の根柢《こんてい》にある。

高貴な門地を誇る人々は、自分たちこそ、社会のエリート・指導層、すなわち「士《し》」だと称した。その対立概念は「庶《しょ》」、つまり社会の大多数、一般庶民である。その両者の断層は、どんどん深まっていった。「士」と「庶」の間には、天と地ほどの隔たりがある、とまでいわれたのである。

そんな風潮を背景に、高貴な「士」しか、官吏になれなくなった。治める「官」が「士」であるなら、治められる「民」は、「官」「士」になれない「庶」である。政治的な官僚制は、むしろ社会的な貴族制、いいかえれば身分差別を担保するものに変質していった。

今日的な観点からいかにも理不尽に映るばかりではない。紀元前、漢代初めのフラットな社会とも、まったく様相・構成を異にする。社会の格差・二元性がいよいよ判然としてきたのである。

北朝と賢才主義

勢力の相剋《そうこく》・政権の分立は、永く中国の中心をなしてきた華北《かほく》で、いっそう顕著だった。いわゆる「五胡十六国《ごこじゅうろっこく》」である。北方から入ってきた遊牧民の集団が対立、割拠する局面がくりかえされた。

鮮卑《せんぴ》・拓跋《たくばつ》部族の北魏《ほくぎ》が興って華北を統一したのは、ようやく五世紀も半ば。北朝のはじまりである。この間、長らく政局も安定しなかったため、南朝政権のような継続性・連続性、あるいは正統性は欠如している。政権の系譜からして、その自然な流れを受けたのは、南朝であることにまちがいない。しかし歴史を先に進める原動力は、むしろ逸脱した北朝政権のほうにあった。

当時の貴族制は、門地・血統を基準にエリートかどうか、高貴な「士」か、下賤な「庶」か、を選り分ける制度だった。だが客観的にみれば、貴賤は家柄で決まっても、能否は決まらない。いかに家格が低くとも、有能な人物がいる可能性はある。だから貴族制が不合理であるのは否めない。

とりわけ実地の統治をになう君主には、才能手腕にすぐれた人材が必要である。いかに高貴な「士」・エリートであろうと、才幹がなくては役に立たない。勢い門地にかかわらず、有用な人材を見つけることになる。それなら、貴族制そのものに疑問を抱かざるをえない。

梁《りょう》の武帝《ぶてい》といえば、南朝屈指の名君である。前王朝の支族の一人で、低い地位からのしあがり、博学多才、武略にも文才にもすぐれ、政権交代の混乱を収拾し、数十年の平和を実現して、仏教文化の黄金時代を現出させた。貴族制の長所に理解を示しながらも、その実地の統治の必要から、貴族以外の人材も登用を試み、「どうして要職を貴族に限るのか」という発言も残している。

図表２　梁の武帝

武帝のいだいた疑問がいっそうつのったのが、北朝である。北魏・北斉《ほくせい》・北周《ほくしゅう》と続いた政権いずれにおいても、遊牧民出身の君主を戴いていた。かれら自身、素朴実直だったし、また君臨した華北では、戦乱が容易に収まらなかったから、リアリズムが勝ってもおかしくない。形式的な門閥より、実用的な才幹が重視されてしかるべきだった。「門地の声望は父祖の七光り、子孫が愚かにならない保証はない。官吏の登用には、門地にかぎらず、ただ人を得ることが重要なのだ」とまで公言された。

かくて実用主義・賢才主義に徹して勢力をひろげた

のは、北朝で最も辺境に位置し、最も弱小だったはずの北周政権である。北周を後継した隋《ずい》・唐《とう》に至って、中国は再び統一を実現した。

科挙と君主独裁制の成立

地方政権だった北周の理念・方針は、統一王朝の隋・唐になっても、一貫して変わらなかった。その所産が、官吏の登用は門地を基準にするのではなく、個人の才徳を測定する試験を課す、という方法、いうまでもなく科挙である。六世紀末の隋王朝にいたって、ついに賢才主義の実践が、現実の制度として結実した。

六世紀末から七世紀初、「五胡十六国」・南北朝という政権割拠を克服し、中国を一つにまとめた隋・唐は、政治的・軍事的には確かに強力だった。それでも、従前の社会を短期間で一新することは難しい。文化のすすんだ旧南朝や中原の地には、名門を誇る貴族がまだまだたくさんいた。意識も旧態依然である。

唐王朝の事実上の建国者、太宗《たいそう》・李世民《りせいみん》は「貞観《じょうがん》の治」で有名、史上屈指の名君と誉《ほま》れ高い天子である。かれは「隴西《ろうせい》の李氏」という古くからの名族を自称したけれども、実際は北朝の流れをくむ北方遊牧民の出自だった。

だから一流名門貴族たちは、その唐の太宗、唐室を三流とみなして憚らない。それから二百年後、時の文宗《ぶんそう》皇帝は、皇女を一流貴族に嫁《とつ》がせようとして謝絶された。婚姻は家柄のつりあいが重要である。つまり唐王朝は終始一貫して、一流の名族と肩を並べることができなかった。

もちろんそうした境遇は、唐室ばかりに限らない。隋唐政権の中核を担う官僚たちは、大なり小なりコンプレックスをもっていたのである。

換言すれば、科挙とその背景にある賢才主義は、門閥主義が色濃く残っていた当時の社会通念と衝突して、なかなか中国全土に普及しなかった。科挙を実施すれば、合格者は出るだろう。けれどもかれらは、成り上がり者と蔑《さげす》まれて、必ずしも社会・官界の尊敬を受けなかった。

図表3　李世民

こうした貴族の優越を克服し、自らの勢威を拡大することが、隋・唐の皇帝権にとって最大の課題となった。その立場としては、さらに賢才主義を推し進めなくてはならない。その結果、社会通念もはっきりと変化をきたすのは、唐王朝三百年を経た後のことである。そこまで来て、門地はようやく尊重を受けなくなった。

東洋史学の通説では「唐宋変革」といって、唐と宋《そう》の間、西暦でいえば一〇世紀を中心とした時期に、東アジアで政治・経済に一大転換があったとする。宋代以降の政治体制も、もちろんその例にもれない。そこで貴族制から君主独裁制になったとみなす。

かつては門閥貴族が政治・社会に最も大きな勢力を有し、指導層を独占していた。しかし一〇世紀以降は、そんな貴族はいなくなる。代わって、最も大きな政治権力を掌握したのは、ふたたび天子・皇帝であった。

皇帝をしのぐ存在は消滅し、その地位も唐代以前・貴族制の時代より、はるかに安全となる。それまで頻繁におこった廃立や弑逆《しいぎゃく》も、以後ほとんど見られない。「三国」「六朝」と短命だった王朝政権も、数百年の命脈を保って長持ちする。モンゴル帝国を例外として、宋・明《みん》・清《しん》いずれもそうだった。

4　官僚制と二元社会

官僚制と科挙

「唐宋変革」以降の君主独裁制は、実に一新した官僚制と表裏一体をなしている。中国の官僚制はそれまで、貴族が牛耳り、貴族制の存続を担保してきた存在だった。皇帝に逆らい、それを置き去りにすることも、あえて辞さなかった。ところがここに至って、君主・天子に忠誠を誓い、忠実につかえる官僚の組織に変貌する。はるかに近代的、いわゆる官僚制《ビューロクラシー》らしくなった。

学界では、その官僚に任じた人々を士大夫《したいふ》とよぶ。一文字でいえば「士」、「庶」の対語だから、まさしくエリートの謂《いい》である。それまでの「士」とは、門閥貴族だった。門地・家柄・血統がすぐれていれば、自ずとそこに属する子弟も優秀なはずだというのが、かつての社会通念であった。

これはたしかに実情の一面を物語ってはいる。代々の由緒を誇る貴族は、多かれ少なかれ学問や礼教を世襲で伝えていた。そんな教育機能は、一般庶民には備わっていない。教

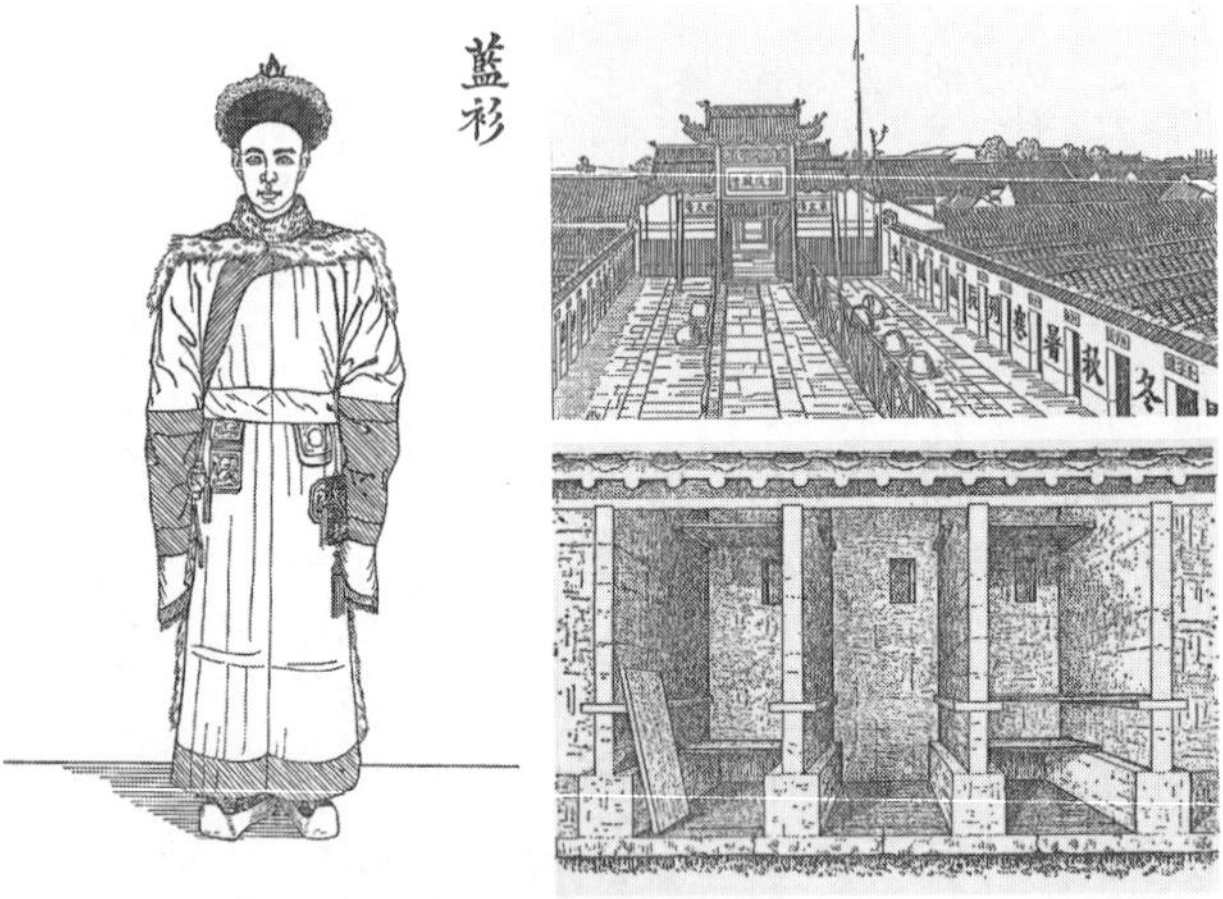

図表４　右：南京の貢院号舎（科挙の試験会場とその内部）／左：藍衫は科挙最初の童試合格者の正服
（出典）宮崎市定『宮崎市定全集15 科挙』岩波書店、1993年

育を受けた優秀な人材が、庶民より貴族のほうに多いのは、したがって当然である。家柄・門地を尊重して、官吏任用の基準とする貴族制や九品官人法は、その意味で一定の説得力があった。

　しかしながら、いかに社会の通念はそうでも、現実政治で取るべきは、あくまで人材であり、人物の具備する人格・能力である。だとすれば、門地だけを基準に登用しては、やはり十分ではない。いかにすぐれた門地だから、いかに環境・条件がととのっているからといっても、優秀な人材を養成できるかどうかは、未知数であろう。人の資質はその人ごとに試してみなくてはならない。

以上が社会通念として普及するまで、長い時間を要した。ようやく一〇世紀以降、家門のいかんにかかわらず、本人の資質が優れてさえいれば、いかに高い地位に昇ってもよい、という常識が定着したのである。

任用するのは君主独裁制の天子・皇帝であり、そのようすがになったのが、天子主催の科挙である。科挙の試験に合格すれば、すぐれた才徳を証明してエリートとして、社会的な名誉・政治的な権力を獲得できるのである。もっとも、それはみな一代、あるいは同一人物でも、その時だけのこと。士大夫はしたがって、自らの地位の源泉をすべて天子・科挙に依存した。

以後の士大夫・官僚制が徹頭徹尾、皇帝・王朝を支持して、君主独裁制のバックボーンになったゆえんである。門閥に恃《たの》んで時に天子をもしのぐ勢威をもち、相対的に自律的な存在だった貴族とは、ここが決定的に異なっていた。

読書人

紀元前三世紀から、中国史上の政治体制として、皇帝と官僚との組み合わせは、いわば変わらずに存在した。しかしその内実としては、少なくとも二度、大きな変化をきたしている。

まず三世紀から貴族制が定着して、およそ一〇世紀まで続いた。その貴族制に取って代わった君主独裁制が、二〇世紀の初めまで存続し、君主独裁制を支える官僚という枠組みも以後、一千年つづく。

それなら、こうした官僚に任じた「士」、士大夫という人たちのことを、まずは知らねばならない。かれら新興エリート層は、一一世紀以後の中国社会で、最も勢力を有することになったからである。

士大夫は別名、「読書人《どくしょじん》」とも称した。この字面が当時のエリートの資格をよく言い表している。同じ「士」という文字で表現はしても、紀元前の漢代、あるいは南北朝・隋唐の時代、「士」はエリート・貴族であっても、必ずしも読書人ではなかった。

いまでも中国語の「読書」は、学問研究のことをいい、日本語で同じ字面の読書とは重なる面もありながら、ニュアンスは決して同一ではない。というのも、かつて「読」む「書」とは、第一義的には儒教の経典のことで、ほかの書物を含まなかったからである。娯楽のための小説はおろか、儒教以外の学藝もほぼ埒外《らちがい》だった。

「書」つまり経典は、たとえばいわゆる四書五経《ししょごきょう》のことで、儒教の教義・ドグマを記した書物にほかならない。これを解読、体得することが、エリートの要件だった。

しかし儒教の経典は、難解である。現代の日本人ばかりでなく、過去の中国人にとっても、同様だった。そんな難しい経典を「読」んで、ひととおり諳《そら》んじるだけでも、相応の努力・学力が欠かせない。さらに読みこなして、縦横に引用するとなれば、その解説書の勉強も必要になる。

士大夫・「士」というエリートとして、人の上に立つなら、庶民の師表として、経典に記す教義を身につけ、実践できなくてはならない。そうした考え方が一一世紀以降、ようやく普及した。読書人を士大夫・エリートとする通念は、そんな事態を最も端的に表現している。

科挙の位置づけ

中国史上の科挙とは、そんな「読書人」の学力を測定するためのものだった。儒教の教義とはとりもなおさず倫理道徳であるから、教義・経典を会得する学力があるのなら、道徳力も備わっていなくてはならない。

科挙は官吏を登用する目的で設けられたものである。したがって外形的な制度のしくみでいえば、さしづめ高等文官試験であり、現在の国家公務員試験も、その起源はここにいきつく。また学校の入試制度も同じくかわらない。

もっともそれは、実地に役立つ政治手腕・行政能力や専門知識、あるいは教養・学識・品行を問うものではなく、経書をどれだけ諳んじることができるか、をみるものだった。その測定を通じて、儒教のドグマの体得度、ひいては道徳の有無、つまりエリートの資格を測る、というわけである。

科挙はいわば、経書の暗記テストだった。そもそも試験というものは、不正の阻止や公平性を期するため、どうしても暗記力の測定になってしまう性質がある。それは科挙も例外ではない。

科挙の問題は論述で答えるので、作文能力もためされた。けれどもそれは、経書の語彙《ごい》表現、典拠をいかほど記憶していて、どれだけ自在に使いこなせるか、ということだから、やはり暗記を主とするのは、現今の受験とかわりない。

最も基本的なテキストは、おなじみのいわゆる四書五経で、これだけでも四十万字を優に超える。それを暗記するのはあたりまえ、加えてその解説書を習得しなければならない。

そこには、歴史や文学の作品もふくまれるから、分量は数倍になる。

おぼえるだけでは、不十分である。記述・表現ができなくてはならないし、そのやりかたも一つではなかった。散文・韻文、論説・詩詞、いずれも作れるような練習も欠かせない。いくら頭がよくても、とうてい独学では無理である。教師に習って専心努力しなければならない。

差別の存続と促進

だから科挙に合格するのは、並大抵の勉学ではかなわなかった。その受験戦争を勝ち抜いた人々は、その意味ではまぎれもなく、選ばれたエリートではある。経典に明るい学力・知識という点に限っていえば、科挙に通った士大夫は、かつて高い門地を誇った貴族より、はるかにすぐれていたことにまちがいはない。

だとすれば、そんな士大夫エリートたちが、非エリートの庶民をどうみていたかは、想像にあまりある。自らに対する鼻持ちならない優越意識、相手に対する底知れない侮蔑感であって、これは現代のエリート社会に暮らすわれわれも、少しは共感理解できるかもしれない。

差別の意識なら、すでに前代から存在していた。貴族制である。「庶」に対する「士」の優越感・侮蔑感、あるいは差別意識は、貴族制発足以来の社会通念だったといってよい。

貴族制そのものは、確かになくなった。けれども「士」「庶」を分け隔てる社会の通念と枠組みは、以後も根強く存続した。それが官僚制を前提としたことも、また同じである。庶民からかけ離れた士大夫が、任官権を有する点でエリートだったことも、貴族制の時代とかわらない。

貴族制の差別とは、家門・血統による先天的なものだった。唐代まで、ほぼそうである。しかし宋代以降に「士」となるには、何よりも科挙に合格する、という契機がなくてはならない。

だとすれば、科挙という試験が以後、貴族の門地に代わって、従来の差別の意識・通念を裏づけたよすがであった。試験という一見、合理的な手段かつ平等な条件であればこそ、格差・差別の裏づけはいっそう社会的に受け容れられ、鞏固《きょうこ》になったわけである。科挙は表面的・政治的には、平等な制度にみえながら、現実にはむしろ、社会の差別・隔絶を助長する役割を担っていたのである。

ちなみに現在の試験は、もちろん序列をつける機能はあるし、それがいわゆる社会的な格差を助長する作用もある。しかしそれもむしろ、能力・適性に応じた社会的分業をわりふる機能が第一なのであって、やはり差別と同一視してはならない。履き違える向きがあるかもしれないので、念のため。

「士」と「庶」

科挙が促進した差別の内容は、エリートの優越意識やプライドにとどまらない。苛酷《かこく》な受験戦争を勝ち抜いてまで、人々が士大夫になろうとしたのには、それ相応の目的があった。任官するエリートには、形式的な名誉は当然、それ以上の実利的な特権が附随《ふずい》していたからである。

政治上、治者と被治者が存在するのは、古今東西みな同じである。ただし中国古来の通念でいえば、前者は頭脳・精神を用い、後者は腕力・肉体を使うものだった。これが社会上の「士」「庶」の区別に対応する。軍隊の指揮・事業の立案遂行など、頭脳によってリーダーシップをとるのが、士大夫エリートであり、兵役・工事・雑用など、肉体的な労働奉仕に任じるのが、一般庶民の役割というわけである。

だから近現代以前の中国では、武人・軍人あるいは運動・スポーツは、あくまで軽蔑の対象である。そんなものは庶民に任せておけばよい。身体を労しないというのが、「庶」からぬきんでた「士」の優越的なステイタスのあかしだった。一般庶民が生業さえ犠牲にして勤《いそ》しまねばならぬ労働奉仕・役務を免れるのだから、大きな特権である。射利のチャンスでもあった。

また、科挙に合格さえすれば、本人の富貴が保証されるのはもとより、その一族・関係者にもその余沢がおよぶ。人々があらそって「士」となろうとしたのは、「庶」ではとても獲得不可能な、一身の栄達利禄と一家の財産保全という功利的な理由からであった。

受験戦争に身を投じたのは決して、いわゆる四書五経に記す高邁《こうまい》な理念道徳を実践するためではない。そんなものは、制度の建前でしかなかった。利己的な動機は、現今の受験戦争とほぼ同じである。

科挙は内容・方法のマイナーチェンジこそあれ、制度自体は宋代以降、千年の永きにわたって続いた。廃止されるのはようやく二〇世紀、一九〇五年である。だとすれば、そこまで永続する要因があったわけであって、士大夫の獲得するこうした特権をそのひとつに数えてよいだろう。

永続する科挙と庶民の立場

科挙は原則として身分を問わず、誰でも受験することができた。それを阻《はば》む法的な規制は存在しない。けれども実際に、誰もが応じられるわけではなかった。何しろ受験戦争である。試験を受けてみるだけならともかく、本気で合格するとなれば、その準備に要する能力・財力の蓄積がある恵まれた人々でなくては、その見通しをたてることさえ難しかった。こうした事情も、現代のわれわれに共感できるところである。

だから身近に優秀な子弟が一人でもいれば、科挙を受けさせるために、親族・周囲の人々はこぞって、援助を惜しまなかった。もちろん、特権ある士大夫になった後の見返りを期待した、いわば先行投資である。

辛苦に耐えた受験生本人も、ひとたび科挙に合格し、士大夫になってしまえば、もう万々歳である。苛酷な「受験地獄」など、以後はきれいさっぱり忘れて、既得の資格・権益を守ってゆくため、自分の子弟を科挙に合格するよう、指導教育した。特権をめざした何世代にもわたるこうした循環によって、科挙はいつしか、中国の社会に牢乎と根づいていったのである。

これまた、いまの受験戦争と大差ない。社会があまたの弊害を指摘する一方で、受験制度に熱烈な支持を与えているのは、代替する適切な方法がないのに加えて、関係者の既得権益を擁護《ようご》しているためである。これでは制度はもとより、弊害すらなくなりそうもない。かつて科挙を永続せしめた動因も同じであった。

そうはいっても、現今とすべてが同じなはずもない。異なるのは、中国史上の社会構成にあろう。今の日本では、多様な事情こそあれ、ほとんどの人々が受験に応じられるのに対して、昔の中国はそうではなかった。もちろん正確な計量はできないけれど、科挙の受験そのものをはなから諦めてしまう人々のほうが、圧倒的に大多数だったはずである。

それなら、条件にめぐまれず、士大夫になれなかった庶民は、どうしたのか。もちろん士大夫は、はるかに優越する社会的地位にある。一堂に会すれば、上席を譲り、相応の饗応《きょうおう》を求められた。精神的にも物質的にも、尊重しなくてはならない。

経書をたくさん覚えたからといって、たんに知識が増すだけである。人格品行・倫理道徳を身につけることと必ずしも一致しない。士大夫は後述するように、聖賢の道を口では説きながら、現実には庶民たちを搾取、酷使していた。身を以て、そのことを痛切に知っていたのは、庶民自身であろう。庶民一人ひとりは、本心では士大夫を軽蔑、嫌悪していたはずである。

けれども「庶」がどれほど士大夫たちを憎み、バカにしようと、社会の秩序を保つのは、しょせん建前である。今も昔も、それはかわらない。儒教の理念という制度の建前で、自他の社会的処遇が決まってしまう以上、多くはそれにしたがうことを選択した。いったんはしたがった上で、いかにうまく立ち回って、不利な境遇にならないかを考えたのである。先にも述べた、優秀な子弟に対する先行投資も、その一例だった。

二元的な格差社会

そうであった以上、「庶」も消極的にせよ、科挙を支えていたことになる。制度の改革・廃止が困難になっていったのは、士大夫ばかりではなく、地域社会もこぞって科挙試験と受験戦争を支持したからである。

試験の制度ばかりではない。社会そのものも、そうであった。科挙が存続した以上、その差別機能もまた再生産をくりかえす。それが堆積して、「士」「庶」の階層分断と格差は、固定化の一途をたどった。二元的な社会構成になったのである。

世襲的な身分制は中国史上、ほとんど存在しない。それに近いものは六朝・唐代の貴族制だったけれど、その貴族・門閥も一〇世紀以降、消滅した。何代もわたって続く旧家・

名家は、中国には以後、ほとんど絶無に等しくなっているから、身分制はたしかに無かったといえる。

ところが貴族制の中で培われた上下の身分の格差・隔絶は、厳然と存続していた。これは世襲的な身分制を有しながら、たとえば実質的な身分の隔たりがほとんどなかった近世日本とは、対蹠《たいしょ》的なありようだといってよい。

われわれの官僚制は、フラットな社会に基礎をもつ。あるいはそういう社会から生じたものだった。それに比すれば、中国はやはり同じとはいえない。

その原初形態としては秦・漢の時代、なるほどフラットな社会に生じたものだったのかもしれない。しかしながら貴族制を経過し、科挙と結びついたことで、二元社会に立脚する制度と化した。

同じく官僚制という名辞でありながら、それが立脚していた社会は、われわれのそれとは異なっている。だとすれば、官僚制の中身も違ったものにならざるをえない。そんな官僚制のありようを理解することで、中国の社会構造もまた、クリアに見えてくるだろう。

II 権力——群雄割拠から唐宋変革へ

1　トップダウンの統治

出発

中国の官僚制はこのように、皇帝制の発足した秦漢王朝の時代にはじまり、その基本的な枠組みも、皇帝制が続くかぎり存続した。けれどもその内容まで、一定不変だったわけではない。時の流れに応じて変わっている。機能もまた一様ではない。

ごく簡明に整理すれば、およそ三段階に分けられる。中央権力のトップダウン的な秩序維持にはじまり、やがてボトムアップ的な地域社会の勢力が伸張し、それを凌駕《りょうが》する段階が訪れ、最後に両者のバランスがはかられる、という過程になろうか。そうした推移を史実の概略に即してたどってみよう。

官僚制といっても、発足当時はごくプリミティヴなものにすぎない。たとえば中央では「三公《さんこう》」、地方では「太守《たいしゅ》」など、いかめしい名前がついていても、前者は実質的には、皇帝の書記ないし相談役、後者は皇帝の名代といった存在である。

だからといって、権力がなかったわけではない。いな、一人一人の有した行動や判断の自由は、後世よりもはるかに大きかった。全体の組織がシンプルだっただけに、それぞれが受け持たねばならない裁量・責任の占める割合が、どうしても高くなってしまうのである。だから皇帝制・官僚制がはじまった前後の官僚たちの事蹟をみると、精彩に満ち満ちている。善悪順逆を問わず、個性豊かでおもしろい。それを活写したのは、正史の祖・司馬《しば》遷《せん》の『史記《しき》』である。

図表5　司馬遷

司馬遷といえば、紀元前一世紀の人。ちょうど中国で官僚制が定着しつつあった時期にあたり、かれ自身も当事者の一人だったから、その観察・筆法は、リアルタイムの事情をそれなりに反映しているといえよう。

中国の史書には、かつて「酷吏《こくり》伝」「循吏《じゅんり》伝」というジャンルがあった。この分類は、ほかならぬ司馬遷の『史記』からはじまったものである。後続する史書も『史記』をモデルとしたので、自ずからその概念・見方も踏襲することになった。

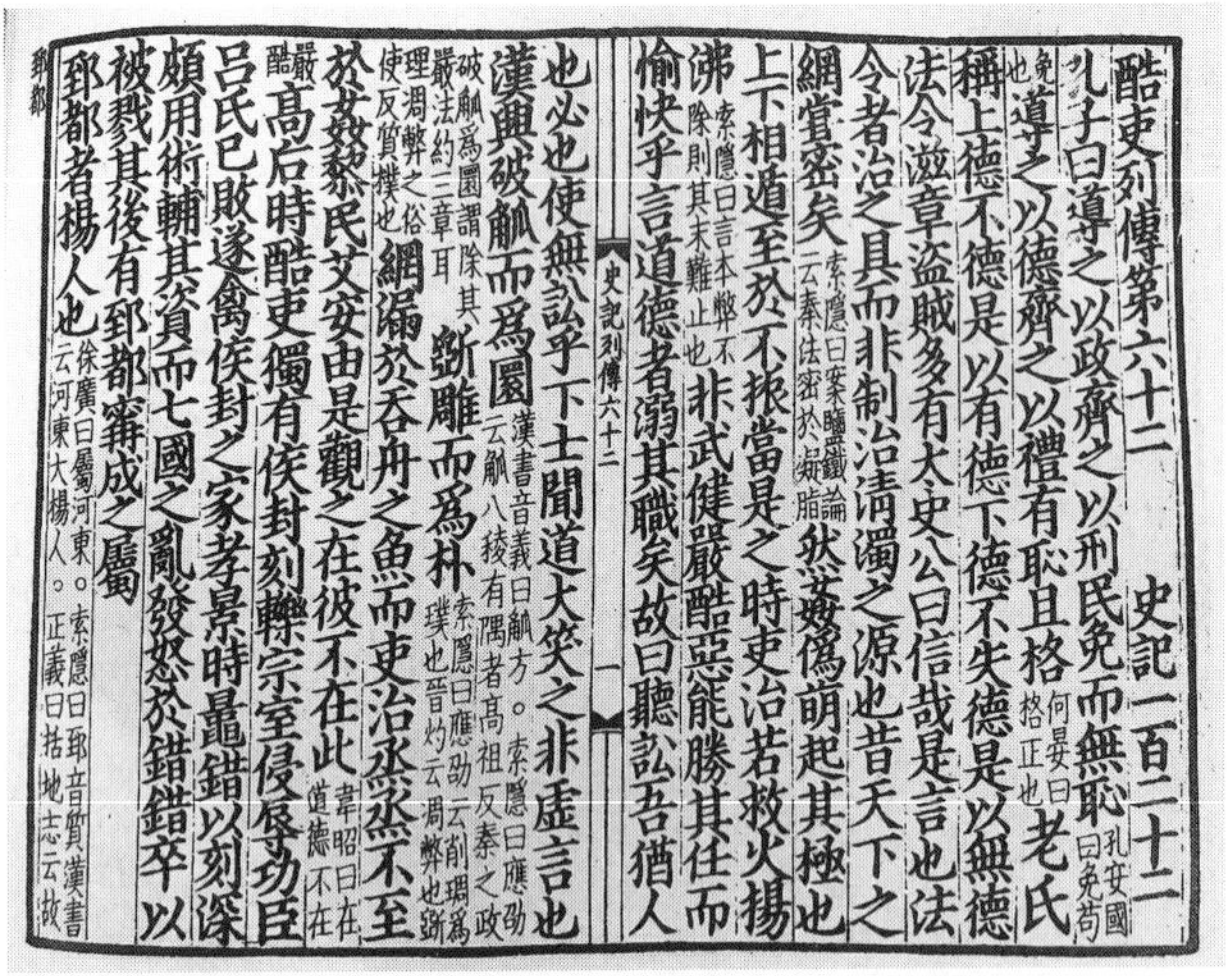

図表6　『史記』酷吏列伝

「法家」政治

「酷吏」というのは、読んで字のごとく、ごくネガティヴな意味あいを有している。系譜的には、秦始皇帝時代からの流れをくむ「法家《ほうか》」系の官吏とみてよい。

「法家」とはいわゆる諸子百家《しょしひゃっか》の一つ、政府が公布し施行する法律の強制力で人民を治める、という方法をとなえているから、現在の「法治」に近いコンセプトを有する。韓非子《かんびし》がこれを体系的な思想として大成した。ちょうど始皇帝のころ、いわば最新のシステムだったのである。

しかもそれ以前から、ほかならぬ秦が国内で試みて成功し、強大化したすえ、他国を併呑《へいどん》できた実績を有する体制でもあった。始皇帝がそれに依拠して、統一した中国全土の統治に臨んだのも、このような経緯からすれば当然である。

いま中国の政府は、「法治」を標榜しながら、そうした字面のイメージにはほど遠い。近代的な法治国家から、「人治」と非難されるばかりである。しかしながらその発端には、秦の「法家」のように、官僚が施行する「法治」に近似する体制が、たしかに存在していた。それがいかにして、いわゆる「人治」と化していったのか。歴史的には、そうした長期にわたる推移が問題となろう。

今のわれわれも、いかに法治国家で暮らし、「法の支配」に慣れているとはいえ、法律の杓子定規なあてはめは、決して愉快なものではあるまい。それが正直な感覚であろう。中国の人々も感覚だけでいうなら、古来さほど隔たってはいない。「法家」政治をすでに適用して久しい秦の故地はともかく、新たに支配下に入った他地域の人々は、不慣れな法律万能主義を苦痛に感じざるをえなかった。しかも始皇帝はいわゆる「焚書坑儒《ふんしょこうじゅ》」の政策方針で、ほかのイデオロギー・システムを強圧的に禁じたから、人民にとってはまさしく「過秦」、圧政以外の何物でもない。

在地の有力者から抵抗・叛乱がくりかえし起こったのも、無理はなかった。また秦の統一政権にも、それを圧倒して「法家」流統治を定着させる実力はなく、まもなく瓦解してしまう。秦に代わって成立した漢王朝は、そのため表向きには「法家」政治を否定しなくてはならなかった。

「酷吏」たち

それでも「法家」的なトップダウンの画一的施政が、統一的な支配統治に最も効率的な方法であることにかわりはない。漢でも基本的な統治の体制・態勢は、前代をおおむね踏襲した。「酷吏」の輩出する土壌は、まちがいなくあったのである。

皇帝の発する法律を無上の権威として人民に臨《のぞ》み、皇威の下達と自身の栄達を目標に忠勤をつくすのが、当時の酷吏の姿であった。地方官となっては、地元の有力者だった「游俠」を弾圧し、中央にあっては、刑法を大いにととのえて、勢力家・有力者に対しても仮借なく、疑獄《ぎごく》を究明したのである。

前者の例は郅都《しつと》、後者は張湯《ちょうとう》という人物であり、それぞれ司馬遷が『史記』に伝を立てている。郅都はいまの山東《さんとう》省にあたる済南《さいなん》の太守になると、それまで当局が制することのできなかった豪強の游俠を、たちまち誅戮《ちゅうりく》した。いわばみせしめであって、恐怖政治で治下の人民を威服したわけである。みな慄然《りつぜん》として、違法を恐れるあまり、道に落ちたものすら拾得しなかったという。

張湯のほうは少年期、肉を掠《かす》め取ったネズミを逮捕、取り調べ、刑罰を与えたエピソードで、とりわけ著名な人物である。長じて漢の武帝に才幹を認められ、多くの法律の制定に関わった。著《いちじる》しい成績を上げて、ますます帝のおぼえめでたく、中央政府トップの御《ぎょ》史大夫《したいふ》にまでのぼりつめた。それほどに有能だったがゆえに、かえって上下の恨みを買うのもまぬかれない。やがて同僚に陥《おとしい》れられて自殺する、という悲劇的な最期を遂げた。

二人はもとより、極端な例かもしれない。しかし大なり小なり、この種の官吏たちの存在が、むしろ常態だった。司馬遷がとくに「酷吏」と分類しなくとも、その性格・気質はおおむね共通している。

武帝の治世は、経済界で大々的に専売や規制が布《し》かれた時代でもあった。そうした統制を破って、貨幣を私鋳《しちゅう》したり、専売品を闇取引したりした人々は、容赦なく罰せられている。そんな徹底的な摘発にあたった官吏たちも、法律第一主義の「酷吏」的な側面では、張湯らと同じだった。当時の官僚にはそうした資質が求められたのであって、むしろ漢王朝の統治そのものが、「法家」的・「酷吏」的だったといってよい。

儒教と「循吏」

「循吏」とは「酷吏」の対立概念であり、いかにも否定的な字面の「酷吏」とは逆に、ポジティヴな言い回しである。しかしその含意はわかりにくい。司馬遷の定義によれば、「法律を尊び道理に循《したが》う官吏（奉法循理之吏）」という。その原義は道理にのっとるところにある。

司馬遷は上に列挙した酷吏が、もとより大嫌いだった。自身が官界の立身出世競争に敗れて、挫折《ざせつ》したこともあるだろう。有能で昇進した酷吏たちに対する目は、すこぶる厳しい。最期を全《まっと》うしなかった張湯らの運命が、さも当然で痛快にさえ描く筆致なのは、いささか割り引いて読む必要はあろう。

したがって酷吏と対置した「循吏」こそ、司馬遷のみる理想的な官吏像とでもいうべきだろうか。循吏は法令も刑罰も、けっきょくは社会の安定、人民の幸福のためにある、という立場に立ち、人民に不便なら、勅命も法制も改正せざるをえないと主張する。法律を民間に強制するというよりは、道理で人民を教化しようとした。

しかしどうやら司馬遷のおめがねにかなう、同時代実在の「循吏」はすでにいなかったようである。かれがとりあげたのは春秋戦国時代、鄭《てい》の子産《しさん》をはじめ、半ば伝説化していた往年の政治家ばかりだった。

こうした司馬遷『史記』の評価基準は、当時の通念をそれなりに反映していた。法律を絶対視しない儒教が、武帝の時代に官学化して支配的になりつつあったからである。それとともに、依然として「法家」的な統治行政が主流であって、それを励行する官吏それぞれが、絶大な力をもっていた事実をもいいあらわしている。

儒教が優勢に転じるのは、たしかに思想上の一大変革ではあった。以後も永く続くので、なおさらである。しかしそのことが、この時点で統治の性質そのものを転換させたわけではない。つとに冨谷至《とみやいたる》が指摘しているように、儒教の裏づけを得たことで、かえって違法者に峻厳な酷吏が活躍できる場が拡がったのである。

当時の官吏登用と統治は、組織も方法もなお未熟だった。それぞれの官吏に絶大な権限・裁量を与えて任せるほかなく、「循吏」の登場する可能性があったとともに、「酷吏」は現実に輩出していた。「循吏」はもとより歓迎だが、行き過ぎた「酷吏」は困る。いわんや、地位を利用して専横に走るのは以ての外《ほか》だった。しかしいずれも、官吏が権限を持てあますところに由来する現象であって、その根は一つなのである。

皇帝の権力とその代替

官僚制が発足した当初は、このように官吏が大きな権力をふるった。けれどもそれは、「法家」的な統治か否かにかかわらず、皇帝・君主に成り代わって、そうなっていた点が重要である。トップダウンの権力行使だった。

皇帝に備わった権力は、皇帝が一人である以上、あらゆる局面でフルに行使できるわけではない。どうしても不可能なケースもある。

まず首都から遠隔の、皇帝不在の地である。だからその名代として、地方官が派遣された。郡県制度というのは、本来そのようにできあがったものである。必然的に皇帝の権力代行者となって、現地在地で大きな勢力をもちえた。

そこに皇帝・中央の目が行き届いていればまだしも、さもなくば、在地の有力者と結びついて、割拠勢力に転化しかねない。「三国志」の時代をはじめとして、王朝政権それぞれの末期にくりかえし起こった群雄割拠は、こうしたメカニズムが存在、作用している。

そしてそんな権力の委譲・移動は、中央の内部でも起こらないはずはない。まず皇帝本人に本来そなわったその権力の行使にみあう体力・気力・識見がなくては、代わって担う存在が、どうしても必要である。

だとすれば、皇帝・天子に近ければ近いほど、保有しうる権力も大きい。そこで皇帝が幼弱だったりすると、臣下でありながら、その権力拡大に際限がなくなって、ついには政府の実権も掌握してしまう。

これは君臣それぞれ、個々人の才力も影響するけれども、それよりむしろ制度に内在する問題である。皇帝の権力はあまりにも、その一身と不可分であった。その行使が一身でまかなえない場合、その地位と役割をいかに代行、分担すればよいのか。

それを制度的組織的に担保するしくみが欠如し、側近の身代わりしか存在しえなかったのである。そうした権力構造のために、前漢王朝の末期、最も近い血縁の外戚が権力を掌握し、ついには王莽《おうもう》の帝位簒奪《さんだつ》、大乱にいたった。

それでも、権力の構成がかわらない以上、政治の内容にも大きな変化は望めない。したがって王莽政権が倒れ、後漢王朝になっても、前代とほとんど同一の外戚政治がくりかえされるわけである。

2　トップダウンに抗して

貴族制の役割

王莽政権が崩潰し、その大乱を平定し即位した後漢の光武帝《こうぶてい》は、大臣の専権を警戒し、君主権力の強化をはかろうとした。具体的には政府の大臣を疎外して、自ら万事を親裁するため、宮中に秘書を集めて、機密の事案を掌《つかさど》らせるようになったのである。これを尚《しょう》書《しょ》という。

ところが、全体のシステムそのものには、変化はなかった。時がたつにつれ、後継の皇帝は幼弱になってくる。英明で主導権を発揮できる光武帝のような皇帝であればともかく、さもなくば、側近で要事を扱う尚書が、権力を代わって行使せざるを得ない。やがて有力な大臣がそうした尚書の地位を望み、占めるようになる。尚書はこうしてついに公開されて、公式の政府機関と化した。

またぞろこうした経緯をくりかえしたのが、「三国志」の英雄・曹操《そうそう》である。かれは大混乱に陥った後漢の末期、なみいる群雄を平定し、後漢朝廷の実権を掌握した。そして機能的で強力な政府を作り上げ、その中に自らに直属する秘書官室を設けている。これを中書《ちゅうしょ》と称した。けれどもまもなく、曹操ほどの力量をもたない君主が続くと、以後の中書も、尚書と同じく大臣の間に公開され、有力な貴族らがその権限を左右するようになってくる。

後代の君主はまたそれに対抗して、さらに側近の門下侍中《もんかじちゅう》と機密を相談する傾向が強まっていった。このように以後、南北朝の時代を通じて、中書と門下がこもごも皇帝の傍《かたわ》らで政務を掌ったものの、やはり実権は、天子の手を離れて、有力な大臣の兼務する方向に流れていったのである。

こうした方向性は、貴族制の発達と歩調を合わせている。皇帝をしのぐ権威をもった貴族たちは、往々にして帝権に対抗する位置に立つ。それが当時の政情を不安定にした一因ではありながら、決してネガティヴな作用ばかりではなかった。

肥大化した君主権力を制限し、そこに寄生する官僚たちの妄動に、掣肘《せいちゅう》を加える機能を有していた点をみのがしてはならない。尚書・中書・門下の公開という事態は、貴族の権威と天子の権力のせめぎ合いとして現象しながらも、後者の行使ないしは濫用のチェック機能として作用していたわけである。

権力行使の要諦は、いかにそれを制御するかにある。コントロールが利かなくては、自他ともに大きな損害を被《こうむ》りかねない。自動車でもただ走るだけなら、簡単である。むしろ自在に停止したり、速度を調節したりするなど、走行にくわえる制動のほうが難しく、それなくしては、リスクが大きい。人類の歴史とは新しいパワーを獲得してゆく一方で、どうコントロールするか、その方法を考案し、発達させてきた経過だったといえなくもない。

三省六部

以上が一定の制度として、整然とまとまったのが、唐代の三省六部の体制である。それまで天子直属の秘書室として、臨時的に組織されてきた尚書・中書・門下が定着し、中央政府トップの三省を構成して、役割を分担しつつ相互牽制がはたらくようにできあがった。

古代日本国家も模倣した、おなじみの国制ではある。しかしながら、三省六部のような複雑な体制は、国家組織を形づくりはじめたばかりの日本には、まだまだ不要不急の代物であった。左の図でいえば、日本の制度はおおむね、尚書省の組織系統のみをとりいれて「太政官」としたことになる。尚書令が太政大臣、左僕射《さぼくや》・右僕射《うぼくや》が左大臣・右大臣にあたる。

「省」という政府官庁を示す漢字が、日中の間で意味あいがまったく違ったのも、そのためである。本家の中国では終始一貫して、中央政府にして政務を統轄する宰相府の別称であった。それに対し、日本ではなぜか、財務「省」や外務「省」など、政務分担の機関をさす呼称となって、いまも名を残している。

ちなみに中国でも、「省」はやがて中央政府・宰相府の意味が転じて、異なる字義で理解されるようになり、今に至っている。けれどもそれは、ずっと時代が下り、情況も変わってからのことであるし、その歴史的な意義も決して小さいわけではないので、くわしくは後述に譲りたい。

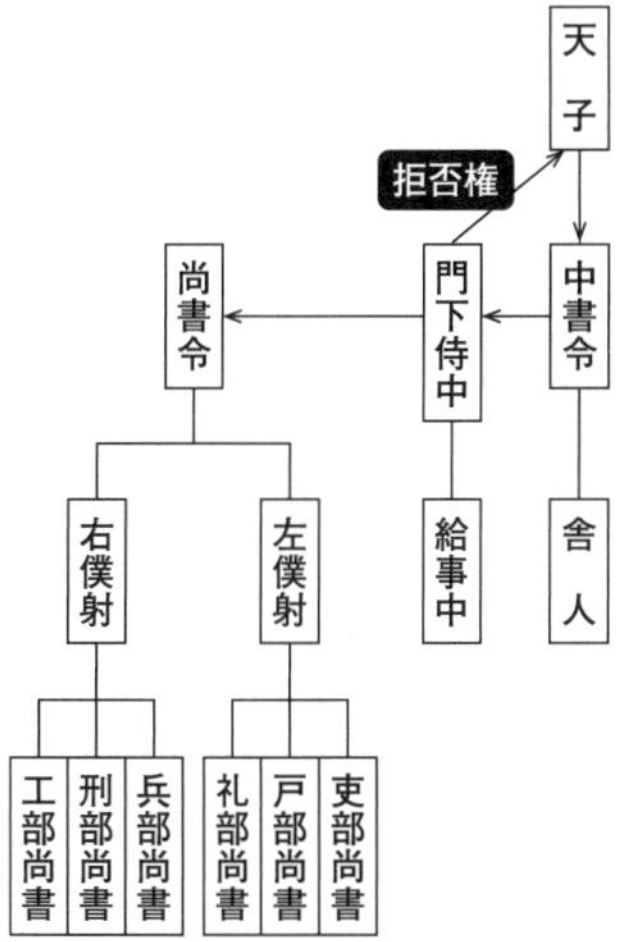

図表7　三省六部

ともかく三省のうち、中書省は最後まで皇帝の近くにあって、そのために中国史上、最も著名かつ長命な宰相府・政府機関として、名を残した。三省六部の体制にあっては、ここで天子の命令・政府の政策を立案したのである。

そうした中書省に対立するのが門下省であり、そこは有力貴族の牙城であった。中書で立案する天子の命令に対する拒否権を有していたからである。ここが適切でないとみなせば、勅命をさしもどすことができた。この門下省を通過した政策・指令のみが、執行政庁の尚書省、およびその下に属する政務分担機関の六部にまわって、ようやく実施に移されるのである。

三省六部の体制はこのように、天子の権力行使に制御をかけるしくみになっている。皇帝権と貴族制のせめぎ合い、対抗関係から発展してきたと同時に、皇帝の一身にそなわった全権を分割、分担することで、なるべく効率よく、権力の濫用にコントロールを利かせようとした制度構築でもあった。

こうした方向じたいは史上、古今東西、共通してみられるものである。君主権を機能に応じて、意思決定・執行運営・点検監視のパワーに分立させてゆき、その重心が最後には、人々の代表に移って、議会民主制になるのが、たとえば西欧の歴史だった。

しかしそうしたコースは、いつでもどこでも同じようにたどったわけではない。西欧のような経過になりえた事例は、世界史のなかでみれば、むしろごく少数なのではなかろうか。もとより異なった中国史の展開は、対極的な一方の典型をなしており、その意味でも注目に値する。

五代十国

こうした天子に制限的な体制から、皇帝の「独裁」に代わってゆくのが、中国の歴史であり、いわゆる唐宋変革の一面でもあった。西欧の歴史からすれば、逆の方向をたどったようにもみえる。

そうした見方はしかし、必ずしも正しいとはいえない。中国の君主独裁制は、西欧でいえば、近世の絶対君主に比擬できるからであり、実際そうした学説もある。君主が何者からも隔絶した至尊の地位に立てば、ほかの人々はほとんど身分の違いがなくなるからであり、西欧もたしかにそうしたコースをたどった。ほかの世界でも、類似のケースは少なくないかもしれない。

比類のなくなった君主の権力、もしくは地位をとりあげて、それに代替する機能分担と相互牽制のしくみをつくれば、民主主義ができあがる。ところが、それを独力で実現達成しえたのは、実に西欧のみ、しかもごく限られた国々、もっとはっきりいえば、イギリスとフランスだけであって、その英・仏が世界最強の国になった。

この事件を世界史上、市民革命という。ヨーロッパ諸国はその革命後の英・仏を身近なモデルとしながら、それぞれの議会制を作り上げていった。それはやがて、東アジアにも及んでくるものの、いずれも近代という時代になってからの話である。先は急ぐまい。

中国の一〇世紀、とくにその前半は「五代十国《ごだいじっこく》」という戦乱の時代だった。日本でもおなじみの唐が滅んで、中国の地は四分五裂、華北には五つの短命な王朝政権があいついで交替し、これを「五代」と称する。南方を中心に、各省では割拠政権が自立しており、これを「十国」と数えた。

五代十国の騒乱は、単なる武力衝突ではなく、従前の体制そのものを崩壊せしめた、社会経済の大変動にともなって起こったものである。それだけに、政情不安もなかなかやまなかった。というよりも、政体そのものに一大変革がおこっていたのである。生まれ出づる陣痛とでもいうべきか、来たるべき安定のため、五里霧中の模索、試行錯誤をくりかえしていた、といったところであろうか。

中国の三傑

そうしたなか、ついに安定をもたらしたのが、一〇世紀半ば以降、後周の世宗《せいそう》と北宋の太祖・太宗と続いた三帝の施政である。

後周の世宗とは、姓名を柴栄《さいえい》といい、事実上「五代」最後の皇帝だった。気鋭のリーダーシップを発揮して、軍事権を自らに集中させ、外征をくりかえして連戦連勝、割拠政権に大きな打撃を与え、中国南北の統合に道筋をつけた。惜しくも志半ばにして、在位六年の壮年で病歿《びょうぼつ》してしまう。かれを中国史上、「真の天才」だと激賞したのは、日本の東洋史学の草創者・内藤湖南《ないとうこなん》である。

その遺業を継いだのが、もと世宗の部将・右腕だった趙匡胤《ちょうきょういん》、すなわち北宋の太祖である。かれは安定政権の制度設計をすすめるかたわら、軍事活動を継続し、割拠勢力を次々に討滅していった。太祖の事業を完成させ、安定政権の礎《いしずえ》を築いたのが、弟の太宗・趙匡義《きょうぎ》である。実際、かれ以後の宋王朝は、三百年つづいた。

遺憾なことに、この三人は、日本ではあまり知られていない。けれども内藤の高弟・宮《みや》崎市定《ざきいちさだ》は、それぞれを織田信長・豊臣秀吉・徳川家康になぞらえており、まさしく言い得て妙、日中それぞれの割拠時代を終わらせた三傑の事業は、個人的な事蹟のみならず、大きな社会の動きと合わせ見ても、互いに比擬できるものであろう。

律令とその破綻

群雄割拠という事態は、各地の勢力が割拠するに十分な独自性・自立性を有さなくてはありえない。自立するにみあうだけの政治的・経済的な裏づけが必要である。言い換えれば、軍事力・政権を組織、維持できるだけの経済力がなくてはならない。つまりは各地の経済開発が、それほどに進展していたわけである。

逆の立場からいえば、そのように力をつけてきた在地の意向を無視して、画一的な支配統治をすすめるのは、もはや難しい。中国の一〇世紀・五代十国とはそういう時代になっていた。

だからといって、在地勢力の自立をそのまま追認、黙認するだけでは、各々の跋扈《ばっこ》・専横につながりかねず、全体の秩序が成り立たない。唐末と五代の一世紀以上、いつまで経っても治安が回復せず、秩序が安定しなかった事態は、そこに理由があった。宋代に確立した君主独裁制は、実にそんな弊害を矯《た》めてほしい、という輿望《よぼう》を担って登場した政体なのである。

唐代までの法制は、日本でもおなじみの、いわゆる律令である。細目まで整然と具備していたので、これを基準にすれば、どうしても画一主義・遵法主義とならざるをえない。したがって律令を奉じた唐王朝も、諸事をなるべく一定一律の法制にあてはめ、やむをえない場合にのみ、例外を認めようとした。

その意味で、唐までは、秦漢以来の「法家」的な統治・「酷吏」的な行政がなお生きていたといってよい。確かに唐の史書までは、「酷吏伝」が立てられている。

ところが九世紀以降は、そうした方法では、もはや事態の推移に追いつけなくなっていた。五代十国の割拠騒乱とは、そうした律令的なトップダウンの、画一的な行政・統治がゆきづまって、最終的に破綻した現象ともみなすことができる。

「令外の官」から君主独裁へ

その律令にまつわって、「令外の官《りょうげのかん》」という歴史用語があって、日本の歴史でもおなじみである。たとえば検非違使《けびいし》や勘解由使《かげゆし》など、「使」という漢字のつくものが多い。これを使職といい、特別派遣といったニュアンス、もちろん中国起源の概念である。つまり「令外の官」とは、現実がどうしても既成の法制にあわないために、やむなく特別に、律令以外の任務・官職・ポストを設けて、現状に対処しようというものである。あくまで臨時の例外措置、いわば安全瓣《べん》だった。

しかし唐王朝の衰退・律令法制の崩潰と歩調を合わせて、例外がむしろ、通例と化してゆく。官職とりわけ実務のそなわったポストが、いわば「令外の官」ばかりになった。というのも、旧来の唐王朝も律令も、あらゆる在地の情況に即して、臨機応変に対処する体制ではなかったからである。それでも現実に対処しようとすれば、例外・特例を濫発するしかなかった。

唐王朝の中期から設置のはじまった節度使《せつどし》が典型である。これは軍事面の「令外の官」で、地方の軍隊を統率、指揮して、辺境防衛・治安維持をあずかった司令官であった。日本でいうなら、さしづめ征夷大将軍などに近いだろうか。しかし将軍が一人しかおらず、ゆえにしばしば統一政権の核になった日本とはかなり異なっている。節度使は広大な中国の各地におびただしく設けられ、中央の手の及ばない割拠勢力になって、その権勢増大がいよいよ騒乱をもたらし、やがて唐は四分五裂のありさまに立ち至った。

臨機応変は必要だが、そればかりでは、無原則・無軌道になってしまう。五代十国の乱世とは、そんな無軌道が顕在化、現実化した時代でもあった。その収拾を果たしたのが、三傑の君主独裁制である。

かれらをトップとする中央政府は、もともと実地を所轄する節度使が大きくなった軍事政権であった。そのため現場感覚に富んでいる。在地の特殊性をまず認めながら、能《あた》うかぎり秩序を一元化しようとした。各地の多様な社会経済の実情を把握しつつ、それと自立的な政治的軍事的な勢力とを切り離し、結びつかないような制度を組み立てたのである。

だとすれば、中国の君主独裁制とは、権力を独占すること、君主が専制的な支配を及ぼすことに、その本質があったわけではない。それはすでに貴族制と三省六部の体制でブレーキがかかっている。それを経た君主独裁制は、むしろ地方に応じた在地主義を前提に、一元化をめざすベクトルを表象したものだといったほうがよい。

単純なトップダウンの政府統治ではなく、それがボトムアップの社会趨勢と噛み合わなくてはならなかった。むしろ権力の行使をいかに制御して、統治の効率をあげるかという模索の結果、生まれてきたのである。

官僚制の転換

皇帝制・君主独裁制ということばには、どうしても中央集権、画一的な強権政治というイメージがつきまとう。確かにそれが事実としてあてはまる時代や政権は、中国に少なくない。しかし少なくとも、一〇世紀末から一一世紀の宋代にかぎっては、その図式・イメージで考えてもらっては困る。

律令の法制と「酷吏」的な画一政治が唐代まで続いたのは、人民の支配が労役本位だったことと無縁ではない。人々をそれぞれ個別的に把握して、強制的に労役に従事させることで統治を運営したのであり、制度もそのようにつくられていた。

均田制《きんでんせい》もその一つである。強制的に土地を耕作させ、種々の負担を搾取するシステムであり、隋唐の時代、最も著名な制度だった。口分田《くぶんでん》や班田収授《はんでんしゅうじゅ》の法に転化したことから、日本でも名高い。それを実施、維持してゆくためにも、法律・刑罰とその強制力は必要不可欠であった。

そうした労役本位での支配をおこなう政体は、やがて維持できなくなってきた。それがいわゆる唐宋変革の一面である。

労役の最たるものは兵役であり、一種の徴兵制が実施されていた。ところが唐代の半ばまでに、募兵制に転換する。唐末五代の節度使の軍隊は、職業軍人ばかりだった。

そうした軍隊を維持するためには、財政を手当し糧食を調達しなくてはならない。経済的なバックアップが必要になる。そこから民間の産業も分立して、農工商はそれぞれを専業化させて効率を高めるようになってきた。兵農一致を廃し、軍事と民間を切り離し、さらに民間経済の内部も分業化したのである。

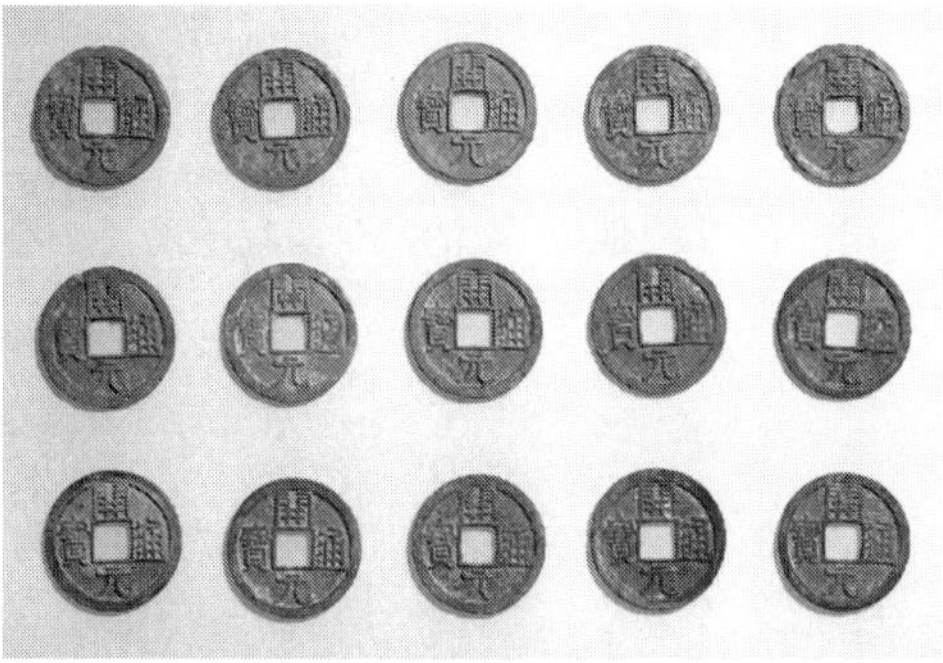

図表８　唐・史道洛墓出土開元通宝
（出典）『唐史道洛墓』原州聯合考古隊編、勉誠出版、1999年

こうした分業を経済的につなぐのは、貨幣である。唐代までは主として、労役・現物で物資が動いていたのに対し、宋代には貨幣を用いた流通・交易が一般的になった。

農業・工業など、ものづくりが発達すれば、各地に特産品ができ、有無を通じる物資のやりとりの必要が生じる。そこで商業も発達するわけで、その取引を円滑にするには、なかだちとなる貨幣がなくてはならない。地域社会の力量増大の一面であり、政府権力はその通貨を統一、管理することで、分業社会をとりまとめることができる。宋以後の政府は公定の銅銭を鋳造発行して、その事業にとりくんだ。

そうすると官僚たちも、これまでのような法律一辺倒、刑罰万能の画一的な態度ではたちゆかなくなる。複雑な貨幣経済とそれに即した実地の社会事情に対する専門知識と臨機応変の態勢が必要だった。

分業とは、多元・多様な要素から成り立つものであり、そうした社会を画一的な法制ばかりで縛ると、無理が生じる。それぞれの局面に臨機応変に即応できる体制、政体でなくては、統治することは難しい。実地主義の「令外の官」を任命して、多様な行政にあたらせたのは、そのためである。

しかし他方で、そのとりまとめも必要である。さもなくばバラバラの割拠状態へ逆戻りになりかねない。おびただしい「令外の官」を一元的に組織し、その行政を指揮、統率し、オーソライズする君主独裁制が、政治的に必要だったゆえんである。

かくて司馬遷以来の「酷吏」は、姿を消していった。理想的な「循吏」像も変化する。悪逆非道もその様式・形態を変えた。以後の不良官吏は、「酷吏」ではなく「貪官汚吏《たんかんおり》」、汚職腐敗がむしろ問題となる。時代と体制は、確かに変わった。

3　王安石の改革とその史的意義

「官吏」とは何か

権力・官僚によるトップダウン的な秩序維持と、民間・社会によるボトムアップ的な経済活動。この両者がしっかり嚙み合って機能すれば、上下一体の社会と官民一体の政治が可能になる。

西欧ではどうやら、議会制政治と国民経済という形で、それが実現した。だとすれば中国でも、西欧のような政体・社会が生まれる可能性があったことになる。

ところが実際の中国では、上下・官民が必ずしも一体にならなかった。すでにみたように、逆に「士」と「庶」とに分かれた二元社会となったのである。東洋と西洋との歴史的な岐路は、そこにあるといってもよい。

もっとも世界全体でみるなら、そんな一体化は、実現しなかったところのほうが、圧倒的多数である。実は西欧のような事例が、むしろ特殊なのであって、われわれは西欧をスタンダードとみなす習慣がついているがゆえに、そのあたりを見失いがちではないか。

ともかく中国では、なぜ一体化せず二元社会になったのか。これはとてもすぐには答えられない難問である。中国の事情・現象を少しづつ跡づけてゆくほかない。そこでまず着目したいのは、官吏の存在とそのありようである。

「官吏」という漢語は、日本語ではお役人を意味する。「官」と「吏」とは、ほぼ同じ意味の漢字なので、二字合わせて熟語をなし、意味はひとつである。中国でもかつては、今の日本語と同じだった。「酷吏」といっても「循吏」といっても、指すのは、いずれも官僚である。司馬遷の時代は、それでよかった。

しかし中国では、ある時期から必ずしもそうではなく、「官」と「吏」は異なる概念となってくる。お役所に勤め、公務を担う人員という意味では、この二文字の意味は依然かわらない。しかし「官」は中央政府が任命し派遣する正式の官僚、「吏」は必ずしも中央政府が任命しない、臨時的に執務する人員を指すようになった。

前者は二字に引き伸ばせば、「官員」「官人」といい、後者は「吏員」「書吏」「胥吏《しょり》」などという。政治の上でも明確に異なる地位だったし、また社会的にも峻別すべき存在であった。

これは中国学の専門では、ごく初歩的な知識である。筆者もふくめ、みなあたりまえだと思って、気にもとめない。そしてほとんどの日本人は、おそらくまったく知らないことである。けれども素人《しろうと》であれ、玄人《くろうと》であれ、みなが見過ごしがちなこうしたところに、えてして中国を理解する重大な鍵が隠れているのではないだろうか。

時期的にみて、これもいわゆる唐宋変革の一面だったことは否定できない。もともと一元的な「官吏」だったものが、この時「官」と「吏」に分かれたわけで、いわゆる分業化の一端だったとみなすことも可能である。

それなら、なぜ分化したのか。やはりそこには、官僚制の構築と在地主義との関係がかかわっていよう。

君主独裁制を実現するには、一元的な官僚制を徹底する必要がある。官僚はそれぞれ、あくまで独尊の皇帝・単一の政府を代表する出先でなくてはならない。中央政府が派遣するその人員は、中央の手から離れるのを防ぐべく、定期的な入れ替えがおこなわれた。だから史上中国の官員は基本的に、いわば転勤族である。

しかし数年だけの在任で、任地のくわしい事情を知ることなど、できるはずもない。広大な中国のこと、とりわけ地方官の場合にそうである。気候も慣習もまったく異なる土地への赴任も少なくない。狭い日本の感覚なら、あたかも遥かな海外旅行である。実際ことばすら、通じなかった。要するに、任地の官人というのは、必然的に異邦人・門外漢である。行政の実務には多く無能だった、といって過言ではない。

しかし君主独裁制の確立は、在地主義も成長した時期と重なっている。地元の意向・勢力を無視するわけにはいかない。実地に即した行政が必要であって、それを転勤族の官員だけで手当てするのは、とうてい不可能だった。そこで「吏員」「胥吏」の存在が、どうしても欠かせなくなるのである。

胥吏の起源と位置づけ

この胥吏とはいかなるものか。じつは日本人は史上、こうした存在をもったことがなかった。したがってイメージとしても実体としても、きわめてわかりにくい。そもそもの起源から考えてみよう。

在地の行政をすすめるには、地元の人々が労力を出しあってまかない、なるべく課税しないというのが、中国古来の理想であった。アマチュアのボランティアとでもいえばよいだろうか。役所の建物は近くの山林から材木を調達し、近隣の住民に建築を任せれば、費用はほとんどかからない。そこに勤務すべき事務員も、住民が輪番で担当すれば、別に雇用して俸給を与えずともすむ。

こうして、地元に密着した一般の政務は、住民の労力奉仕、つまりボランティア労役の醵出《きょしゅつ》で運営すべきはずのものであり、また事実、そのようにおこなわれてきた。漢から唐まで、人民に対する権力の搾取は、主として労役の形態だったからである。とりわけ各地の最末端に位置する県ないし州・郡は、直接に土地・人民を治める官庁だったから、住民を徴発して従事させればよかった。中央からはそれを監視するため、ごく少数の官員を任命派遣しただけである。

ところがいわゆる唐宋変革で、こうした情況が変わってきた。募兵制になって兵農分離がすすみ、厖大《ぼうだい》な常備軍を養う責任が中央政府にのしかかる。それにともなって、中央が地方に要求する物資も、多種大量にのぼるとともに、行政機構も次第に拡大、複雑化せざるをえない。その結果、官庁の事務もいよいよ複雑多端となり、それを担当すべき人員も多数必要で、しかも練達した専門家でなければ、つとまらないようになってきた。

地方官庁の事務員はこうして、単なるアマチュアの労力奉仕の域を脱し、次第に専業化してくる。それがとりもなおさず、胥吏である。元来の身分は、あくまで現地で臨時に従事する労役・ボランティアだから、決して職業、ないし雇用ではなかった。就労の報酬は当然ない。

しかも地方官庁に着任する官員は、科挙の合格を経た知識人・エリートであるのに対し、胥吏のほうは一般の民間人・庶民であって、社会的地位もまったく異なっている。「士」「庶」から成る二元社会が、そのまま官庁の内部に反映したのが、「官」と「吏」だったといえるわけである。

このようにみてくると、「官」と「吏」は確かに分業だといってよい。社会の分業化は唐宋変革の一大特色であり、全体的な趨勢だったから、それが官庁にもあらわれたわけである。とはいっても、そこには大きな矛盾をはらんではいないだろうか。

「官」・官員は官僚制正規の成員であり、俸給を受け、社会的にも尊崇されるエリートであった。ところが、自らの意思とは関わりなく拝命し、見ず知らずの土地に赴任し、ほとんどなすすべもない。

それに対し、「吏」・吏員はもともと臨時の労役・ボランティアで、俸給も社会的な地位もなかった。官僚制の埒外にいる存在である。それでいながら、土着の住民なので地元の事情に明るく、事務手続に熟達していたから、官庁の実務はかれらが一手に担った。

仕事のできない官員には、地位と俸給があって、実務をこなす胥吏に、地位も給与も与

図表9　清明上河図（北宋の都・開封の繁盛）

えられない。われわれから見れば本末転倒、奇態な情況であって、そこに中国の特色をみるべきであろう。

二元社会と「吏士合一策」

中国では以後、これが常態になったために、現在われわれが抱くような奇態さの感覚は、久しく失せてしまう。しかし当初はさすがに、おかしい、という感覚はあった。

唐宋変革を承《う》けた一一世紀は、新たな「士」「庶」が、分かれはじめた時期にあたる。前者は興起し、擡頭《たいとう》をはじめた新興のエリートであって、それだけにまだ「庶」との距離も近かった。「士」は「庶」のことをよく知り、共感同情する面も多かったし、北宋初期の政権構造・官僚機構もシンプルで、下《か》

図表10　王安石

情《じょう》の上達がそれなりにはたらいていたのである。要するに、まだ二元社会にはなりきっていなかった。

そこで当時の政治も、民間社会の機微に触れたものが少なくない。世界史の教科書・授業でも習う「王安石《おうあんせき》の新法」は、その典型である。一一世紀の後半、神宗《しんそう》皇帝の信任をえた宰相・王安石は、経済・税制・兵制・官制など、あらゆる方面におよぶ改革を断行した。唐宋変革の総決算というところである。

その全体的なコンセプトを一言でいいあらわすなら、「士」と「庶」に分解しかけた社会をあらためて一元化しようというにあった。そうした社会の縮図でもあった官僚機構、官庁内部の「官」「吏」の分別も、例にもれない。つまりは「官」「吏」の一体化であり、宮崎市定はつとに王安石のことばを援用し、「吏士合一策」と呼んで高く評価した。

中央・地方の官庁でつとめる胥吏に正規の俸給を与え、さらに正規の官員になれる昇任ルートも設けてやるという改革である。これだけでも組織全体の見直し、給与体系の変更、そして財源の確保など、多方面に関わって、大きな改革であることはまちがいない。しかしそれは、単なる官庁の行政改革にとどまらず、社会そのものの変革に連なっていた。日本では後三条《ごさんじょう》天皇の御代で、院政が始まる前夜という頃、ヨーロッパでは神聖ローマ皇帝がローマ教皇に屈服した、いわゆる「カノッサの屈辱」より少し前だった。だから中国の官僚制とそれが抱えていた問題が、いかに先進的だったかも、ここからわかるだろう。今からみても、日・欧はずいぶんな昔話、現代とはほとんど無縁に感じるのに対し、中国のほうはリアル感があって、共鳴を覚える向きもあるのではないだろうか。

古今東西、人間社会の現実は、多かれ少なかれ差別の世界である。人々の平等がもとより理想ながら、実際には上下関係の中で生きなくてはならない。だからわれわれの現代社会にも官僚制にも、一見したところ類似する差別はある。たとえば学歴のちがいとか、いわゆるキャリアとノンキャリア、あるいは正社員と派遣社員の格差などが思い浮かぶ。

しかし学歴にせよ、「キャリア」にせよ、「派遣」にせよ、あくまで組織・官僚機構のピラミッド体系に応じた、任務と資格・能力による人の選別である。ひとまず平等均質な条件を前提として、優劣を選抜するものであって、当時の中国なら、むしろ科挙合格者という同じ階層内部での学位や経歴の差別に近い。

中国史上の「士」「庶」、あるいは「官」「吏」の乖離《かいり》は、はるかに次元がちがう。そこに牢乎と存在していたのが、つぶさに述べてきた六朝・貴族制以来の貴賤の差別意識である。同じ人間ではない、というくらいの隔たり、差別であって、すでに一一世紀、王安石の時代にその通念が再生産され、固まりつつあった。

こうした通念の打破・消滅をみないかぎり、「士」「庶」の一元化をめざした王安石の新法、あるいはそれに類する変革は、いかにしても挫折する宿命にあった。そして案の定、新法が葬り去られたのち、中国は当時の通念どおりの事態、われわれにとっての奇態が、常態としてがっちり固まってしまう。以後はかえってそれで安定をみて、一千年におよぶ既成社会を構成したのである。

III 腐敗——歪みはどこから来たのか

1　地方制度の概観

俯瞰

ここで時間的・空間的にいくつかの定点を決めて、中国全体を俯瞰《ふかん》してみよう（本書冒頭の中国全土図参照）。

キリスト紀元のはじまるころ、中国は漢王朝の統一時代であった。その版図《はんと》はおおむね、万里《ばんり》の長城《ちょうじょう》以南・チベット高原以東というところで、欧米人のいうチャイナ・プロパーに重なる。

漢王朝の歴史をつづる『漢書《かんじょ》』の「地理志」によれば、その人口は五九五九万四九七八。実に細かい数字であって、当時の王朝政府も、統治下の人口をこのように、個別に把握していた。労役を等し並みに徴発するシステムだったためである。いわば権力は、上下の差別がない「フラット」な社会の構成員を「個別人身支配」していた。

そのおよそ千年後、宋代に下ってみよう。版図は漢代よりひとまわり小さいものの、ほぼ同規模といってよい。その人口は統計が複雑でつかみづらいけれども、最も増えたときで、一億という数字がある。

漢・宋それぞれ六千万ないし一億の人々を治める官僚機構の末端は、ともに県である。これより下に、正規の官庁は存在しない。だから県の長官は、庶民と直接に接する行政官なので、「親民官」とか「牧民官」とかいわれる。

同じ『漢書』地理志には、その県の数を一千三百と記している。後世も時期によって、上下はあるものの、この数字はおおむね変わらない。

県という官庁が公式・全国的に始まったのは、紀元前三世紀・秦の始皇帝の統一からであり、世界史の授業でも必ず、「郡県制度」が設けられたと習う。県の上位にあってそれを束ねる郡は、はじめ三十六置いたという。

もっとも、末端の県が千三百あっては、その上位の郡が三十六だと、とりまとめるにはやはり少なすぎる。そのため、時代が下るにしたがい、郡は細分化され、おびただしい数になってきた。

そうすると、今度は数が多すぎて、中央政府が郡を把握できなくなる。そこで漢代に、この郡をまとめて監視する中央の出先の「州」が置かれた。もともと経書に載せる「九州」にちなんだ名称なので、数もそのくらい、十あまりである。

この州も郡と同様、やがて細分化されてゆき、やがて郡に取って代わっていった。その一方で、当初の十あまりの大区画は、後世にも残る。唐代には州をひとまとめにしたその区画を「道」といった。この制度が同時代の朝鮮半島・日本列島に入って、京畿《キョンギ》道・全羅《チョルラ》道、あるいは山陽道・東海道などの地名になり、周知のように、半島・列島では現在も用いている。

ところが当の中国では、さらに名称が変わった。宋代には「路」といい、元代以降は「省」となって、今に至っている。つまり漢代の「州」にはじまる大区分は、それぞれの時代で、名称・意味あいはまちまちながら、規模と数はたがいに相似ており、いわば史上一貫して用いられてきた。スケールとしては、歴史的に最も安定した区画だといえる。

漢代は州―郡―県、宋代は路―州―県と、いずれも三段階だった。また漢の「州」と宋の「路」とは、監督区分でしかなく、当時は行政上、中央と郡県・州県がひとまず、直接につながっていた状態である。

中国史上、最も政治が卓越していたといわれる時代が、この漢代と宋代だった。中央と地方の末端が直結している時期が、高い評価と重なり合っているわけである。まずこの点を確認しておきたい。

清代の状態

宋代から下って八百年、一九世紀の中国は、およそ四億の人口である。当時は「本部十八省」という表現が人口に膾炙したところからもわかるように、漢代の「州」、宋代の「路」に相当するものは、「省」と名を変えている。

「省」とは、すでに述べた中書省、つまりはもともと中央政府の宰相府の意味である。一三・一四世紀にモンゴル帝国が中国を統治したさい、この宰相府の出張所「行中書省《こう》」を各地に置いたところから、始まった名称であった。この「行」とは、本拠から離れた出先の意、「行宮《あんぐう》」「行在《あんざい》」といったような語句の用法と同じで、そのため略して「行省」ともいう。そして明代以降、中央で宰相府の中書省を廃したこともあって、「省」はまったく地方の行政区分の名となってしまった。

一八世紀以降、この省には、全省を統《す》べる総督《そうとく》・巡撫《じゅんぶ》が置かれた。いまでいえば、さしづめ「省長」である。その下に一省の財政・司法・軍事を分担する官がおり、その下に「府・州」をとりまとめる「道」があり、「府・州」が末端の「県」をまとめている。

系譜的にいえば、清代の「道」は名称が唐代と同じで、宋代の「路」をひきついだもの

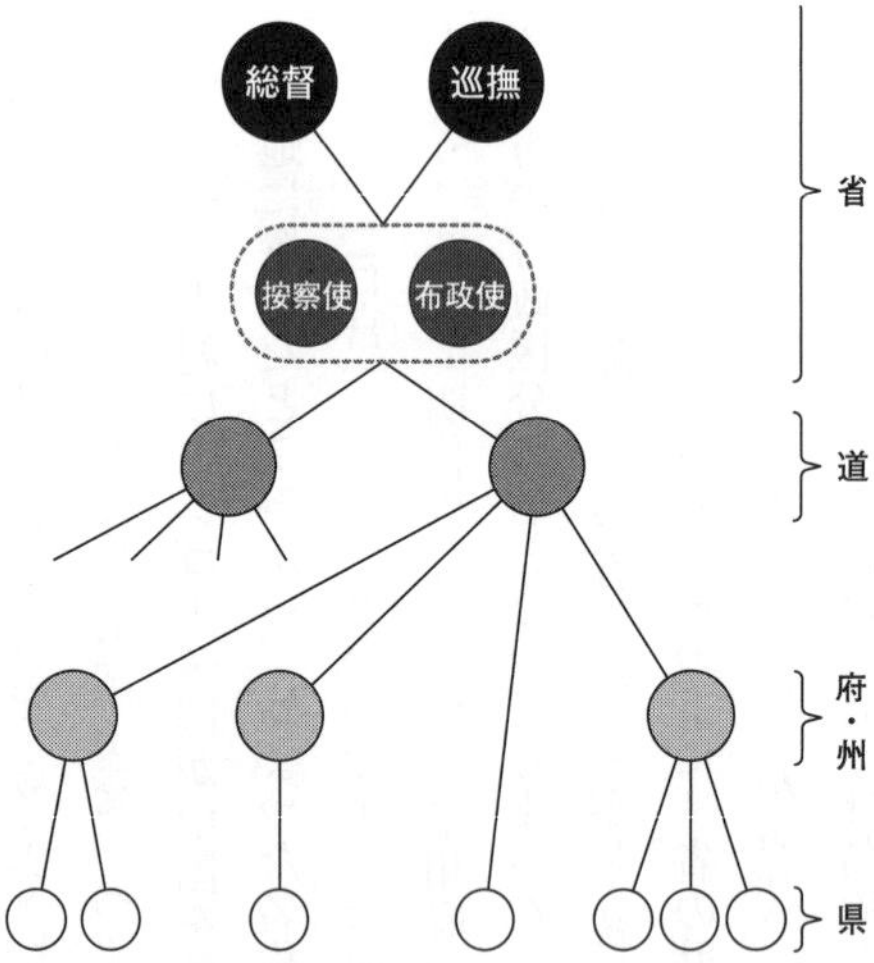

図表11　清代地方行政の主要官庁

なので、「道」「路」も細分化されたために、その上に「省」が置かれたと見なすことができる。

　まとめると、清代一九世紀には区画としては、省—道—府—県の四段階であった。けれどもその具体的な組織編成を上のような略図にしてみれば、必ずしもその四段階だけではすまないことがわかる。上位の省には、一省全域の軍政・民政を統轄する総督・巡撫と、財政・司法を分担する下僚《かりょう》とがいるので、少なくとも五段階になっている。「道」以上が監督区分で、「府・州」以下が行政官であった。府知事・州知事には、三重以上に重なる上司がいるので、もちろん皇帝への上奏権はない。宋代のように中央と直結してはいなかった。

「省」の設置は、かつての「州」が細分化していって、その上に「道」「路」を置いたのと同じパターンである。ただし宋代には、もとの漢代と同じ三段階に整理され、中央と州県が直結したのに対し、以後そうした現象は起こっていない。むしろ中央と末端の間に、多くの官庁が介在しているのが常態だった。これでは下情の上達が、いよいよ容易でなくなる。上下は乖離せざるをえない。

二〇世紀に入ると、中国革命の父・孫文《そんぶん》は本書173～174頁で詳述するように、皇帝・政府と人民・社会が隔たったのは、その間におびただしい官僚が介在したからだとみなした。その情況判断にまちがいはない。そしてそれこそ、かれとその革命が打倒しようとした標的、弊政の根幹だったのである。

図表12　孫文

監督官庁

こうした孫文のみかたは、しかしながら因果関係としては、すべてが正しいとは思えない。かれのいうところは、むしろ逆であって、多くの官僚が介在したのは、皇帝と人民の間が隔たった原因ではなく、結果ではあるまいか。

いずれにしても、中国の政治社会がそのようになるに至った推移は、簡単にでも跡づけてゆく必要がある。上下に介在した官庁・官僚それぞれの役回りを、大づかみに確かめながら、その手がかりをさぐってみたい。

まずは地方トップの総督・巡撫から見てゆこう。総督・巡撫は一省を統べるといいながら、具体的な職務が定まっていたわけではない。むしろ省内の人事を統轄するといえば、肯綮《こうけい》に当たっているだろうか。というのも、総督・巡撫とはもともと、皇帝の身代わりとして派遣されて地方を巡回し、実地に問題の解決にあたる臨時の官職であり、そのために弾劾《だんがい》権を与えられていたからである。

総督・巡撫は省内の官僚を絶えず監視し、その成績を考査して内申書を作り、所轄内に不適切な人物がいれば告発し、有為な人材は推奨しなくてはならない。そうしたところから、任地の官僚に対する一定の任命権も有するようになった。こうした権限の消長が、のち近代中国の治乱に関わってくるのである。

そうした総督・巡撫の下には、主として省内の税収財政をつかさどる布政使《ふせいし》と、司法刑罰をつかさどる按察使《あんさつし》とが置かれた。「省」という地方区分が定着した明代では、当初この布政使・按察使が、並んで一省の長官であり、中央政府の出先として直属する制度だったのである。ところが後に、総督・巡撫がこの上に加わったので、元来の重要性を失ってしまった。

そういういきさつをたどっているので、総督・巡撫と布政使・按察使とは、地位に上下があるものの、制度上は統属関係になく、いずれも天子・中央に直属する建前である。しかしながら清代の慣例では、布政使・按察使に対して、総督・巡撫は命令権・拒否権をもち、中央との連絡も通例、総督・巡撫を通しておこなわれた。

それなら布政使も按察使も、極論すれば、あってもなくてもよいはずのものである。だが前代からの惰性で存続した。この両者にかぎらず、清代の中央・地方に、そうした官庁はおびただしい。むしろ清朝がことさら、冗官を残していた観もある。

その下にあった「道」も、同じく冗官とみるべきかもしれない。清代の「道」は、もともと明代に布政使・按察使の属官が地方に派遣されて駐在し、いくつかの府州をまとめて監督したことにはじまった。正式な名称を分守《ぶんしゅ》道・分巡《ぶんじゅん》道などという。

さらに監督する業務対象に特化した「道」もあった。主なものをあげるだけでも、督糧道、塩法《えんぽう》道、河工道、駅伝道、海関《かいかん》道などがあって、それぞれ肩書の字面で、何となく任

図表13　上海の税関・江海関（1857年竣工当時）

務も見当がつく。糧食輸送や塩の専売、黄河の治水などであり、それなりに実職がともなうのは、一般的な分守道・分巡道よりもむしろ、こちらのほうであった。だから分守道・分巡道が、その任を兼ねる場合もある。とりわけ有名となったのは、税関をあずかる海関道だった。時代が下ると、外国人との貿易や外交に関わったからである。

このように海関道などは、その特化した業務で人々・社会に接したため、それなりの実務がそなわった。逆にいえば、民に直接しない監督官庁が、どうしてこんなに多いのか、なぜ道から総督まで、上に積み重なるのか、介在してしまうのか、がむしろ問題であろう。

直接の答え自体は、別に難しくない。監督官庁であるから、上からの監視をくりかえし強めた結果だった。なぜ監視を強めなくてはならないのか、といえば、下僚の非違がやまなかったからである。もちろんこうした監督官庁も、汚職・腐敗はまぬかれていない。しかしその根源・焦点は、庶民・社会と接して、実務を担う末端の官庁にある。

2 衙門の構成

県の衙門

そこで今度は、目を下に転じて、官僚組織の最末端をみてみよう。千以上存在した県の衙門《がもん》の構成である。「衙門」とは役所・官庁という意味ながら、ヘタに訳すと、現代のものと混同しかねない。なじみのない用語ながら、以下も衙門と称す。県は一千三百以上存在したから、それぞれの衙門は地方・時期によって、規模・内容ともに千差万別だった。ひとまず残ったデータから復原できるものを雛型として概観し、考察をすすめる手がかりとしたい。

明清時代の県知事は「知県《ちけん》」といい、これが県を治める全責任者である。一九世紀はじめの清代の人口を仮に四億とみておくと、平均して一県三十万人くらいの規模となり、現代日本の小さな県とさしてかわらないくらいのスケールである。

しかし知県の正規の下僚は、きわめて少ない。おおむね次官・秘書官・教官がいるくらいである。そのうち次官は、知県の名代となって、県内の大きな市場町に出張駐在することが多い。教官は学校の先生だから、県知事とともに執務するのは、多くの場合、秘書官だけである。大きな県なら、ほかに巡察係や出納《すいとう》係も置くところもあるけれど、いずれにせよ、それだけで日本の県と同じくらいの統治対象を有したはずの県の衙門が、運営できるわけはない。

そこで衙門の内部構成をみてみよう。「県」は郡県制度ができたころから、天子の名代として人民を治める役割であった。そのため衙門も、天子の中央政府とほぼ同じ構成をとっている。

県知事とその周辺

まず天子の朝廷がいわゆる「宮中」と「府中」、つまり内の私的な住居・家庭と外の公的なオフィス・政庁とに分かれたのと同様に、県の衙門も「内房」と「外房」とに分かれていた。つまり知事の宿舎と官庁・オフィスである。県知事もふくめ、中国の官僚は転勤族で渡り鳥なので、役所がすなわち官舎であり、家族みなここに住むのであった。もちろんわれわれのような核家族ではない。親族・眷属《けんぞく》にくわえ、雇い入れた使用人がおびただしい。「長随《ちょうずい》」「家丁《かてい》」あるいは「家人《かじん》」といって、おおむね自分の故郷から連れてきた人々である。少なくとも五名を下らず、三十名以上になる時もあった。

かれらは天子・皇帝の家庭・宮中でいえば、家内使用人の宦官《かんがん》に相当する。宦官は皇帝の側近として、官僚との間に立ち、歴代王朝の政治・軍事に容喙《ようかい》してきた。その史実はあまりにも著名だろう。この「家人」のほうもごく狭いスケールながら、知事のいわば腹心の取次役として、衙門を出入りする情報と人間、物資をチェック、掌握して、県の政務をとりしきったのである。

さらに知事のブレーンとして「幕友《ばくゆう》」がいる。「幕府」とも称するが、ゆめ日本の幕府と混同するなかれ。「幕府」「幕友」とは、私費で雇用した秘書・顧問たちのことを指す。清代には知事に限らず、どの官員も設けていた。

県知事は少なくとも、「銭穀《せんこく》」つまり徴税担当の幕友と、「刑名《けいめい》」つまり訴訟を担当する幕友を置くのが、通例である。私設秘書なので、公然とオフィスに出入りできないけれども、つねに知事のそばで執務の相談にあずかったため、実権の半ばはこの幕友がにぎっていた、といっても過言ではない。

この幕友は知識人、しかも相当に有能な人でなくてはつとまらない。知県のブレーンになるため、対等な社会的地位になくてはならないので、必然的に科挙の学位を有する士大夫が任じた。逆にいえば、任官できない、しない士大夫はこうして、官僚の私的な顧問・秘書になって、生計をたてていたのである。

「銭穀」「刑名」のほかにも、祐筆《ゆうひつ》や子弟の家庭教師の任にあたる幕友もいた。とにかく官僚は、社交が重要であって、公私の手紙のやりとりが頻繁である。そのため祐筆が必要だった。いっぽう家庭教師は、子弟教育に欠かせない。先にもふれたように、「学校」という施設はあるけれども、王朝時代の中国では、そこで教育はしなかった。教育機関ではなく、科挙のための準備試験をおこない、その名簿を管理するだけの施設だった。だから正規の官員たる教官も、厳密にいえば先生ではない。教育者・知識人として尊重しようという者もいなかった。

このように考えると、県知事の執務は、ほとんど自身の私的な縁故者の協力で成り立っていた、といっても過言ではない。それがむしろ中国政治の全体を通じる本質ともいうべきだろう。

しかし以上の知事のオフィスだけで、実際の県の行政がすすめられるはずもない。そこは司令塔、中央でいえば宰相府みたいなものだから、手足となって実務を分担する部署が必要である。

胥吏とその組織

天子の中央政府には、中枢の宰相府とともに、政務を分掌する六部があった。中央の出先・天子の名代たる県の衙門にも、したがって六部にあたるものが設けられている。吏・戸・礼・兵・刑・工の「六部」とまったく同じ構成をとって、「六房」といった。けれどもそれぞれに、正規の官員はいない。いたのは、おびただしい胥吏たちである。

六房の事務も、やはり六部の分担方式にならったものであった。吏房は人事、戸房は租税、礼房は文教・典礼をつかさどる。人事というのは、胥吏じしんの進退のほか、管轄区域の士大夫や僧侶・道士などの身分の管理のこと、文教・典礼は所轄の学校・孔子廟《こうしびょう》、あるいは祠などに関わる。兵房は字面のような軍隊ではなく、後述する衙役《がえき》・駅丁など、衙門につとめる肉体労働者たちを管轄した。刑房は訴訟、工房は役所の建物や倉庫、城壁など、営造物の修理工事などにあたる。

六房それぞれを取りしきるリーダー格の胥吏は、「経承《けいしょう》」と呼ばれた。一手に引き受ける、というくらいの意味の漢語である。それくらい高い地位の胥吏なら、官僚機構のほうも認知していて、登録簿もあり、県によって定員・任期が決まっていた。ごく一握りの人数で、五年前後という規定はあったけれども、それが守られた例は少ない。

経承の下に、いわばヒラの、おびただしい数の胥吏がいる。書類の起案・令状の発行・記録の作成と保存を主な任務とした。かれらは史料上、さまざまな姿をかいま見ることができる。けれどもくわしい実像・正体は、杳《よう》として摑めない。つまりは記録を残す官僚・知識人エリートは、そんなところに関心もなければ、認識もしていないわけである。

士大夫・知識人の差別意識からすれば、胥吏はどこまでも賤《いや》しいものであって、自分たちと同じ人間ではありえない。しかし事務作業には欠かせない存在である。現代ならさしづめ、備え付けのコピー機かパソコン・プリンターであって、使う側はそんなものの生態に、いちいち関知しないということなのだろう。

ともかくそうした部署の上から下まで、すべては胥吏で構成されていて、数はそれなりにわかる。一七世紀あたり、人口が一億くらいの時期だと、普通の県で三百人、大きい県では一千人に上るといわれた。一九世紀のはじめなら、もっと数が多くなっていてもおか

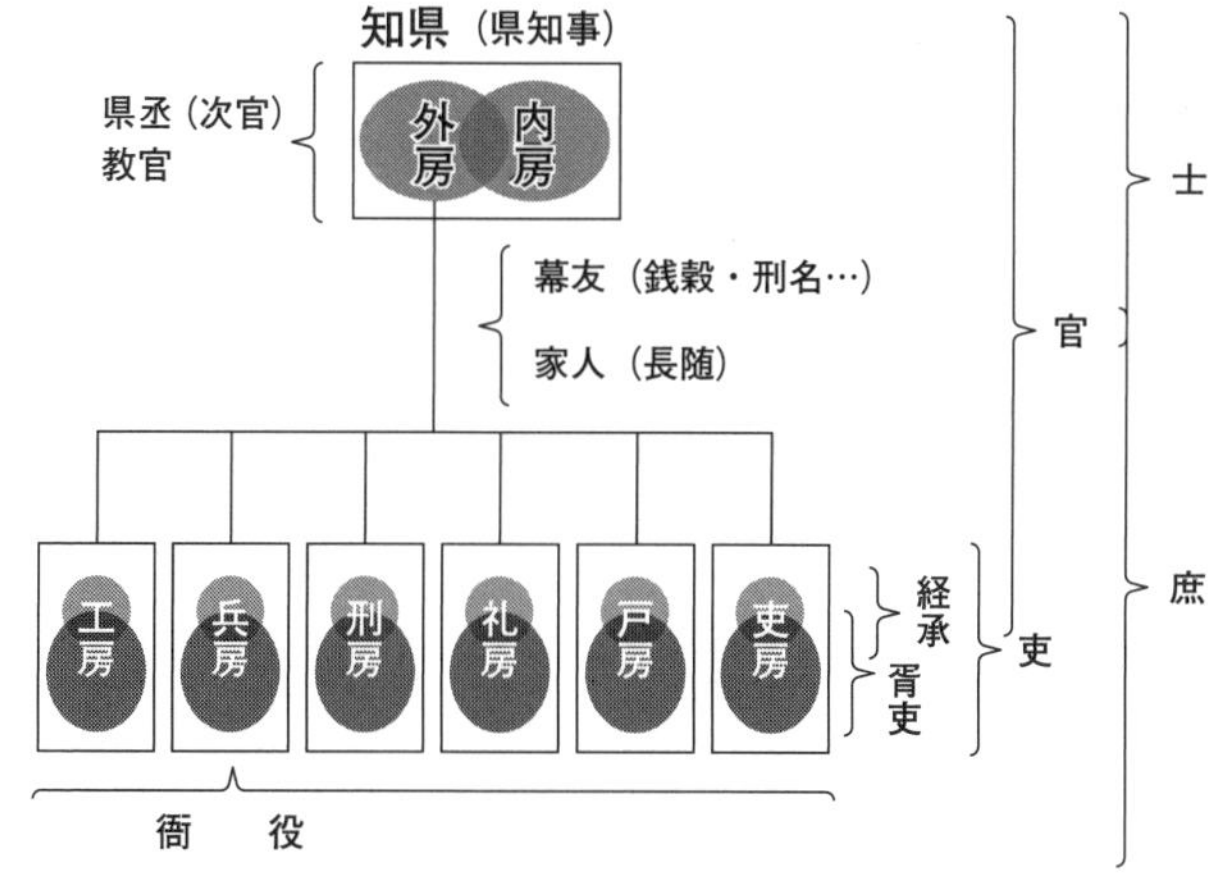

図表14　県衙門の構成

しくない。

衙役と衙門の規模

以上によって県の衙門の組織を図示してみれば、上のようになる。これで事務系統は、おおむねみわたせる。

もっとも、以上の胥吏だけではない。胥吏はいかに備品と似た存在とはいえ、それでも文筆に携わった一種の知識階級である。衙門にはいっそう肉体労働的な業務も必要だった。こうした職務に従事した人々を「衙役」と総称する。「役」とは徭役や兵役の「役」と同じ意味で、庶民に課せられる無償労働奉仕に由来したものであった。所定の任期は、三年である。だが実際には、永く勤めるのが通例だった。

こうした「衙役」の数は、胥吏よりもいっそう多く、一千五百人にのぼった例もある。ガードマンあるいはメッセンジャーが代表的な役目だが、ほかに車夫・馬丁、倉庫番・牢屋番などにもあたった。さらには、しばしば警察業務も担当し、犯罪者の捜査や逮捕にも動員されている。衙門の雑役夫であるとともに、所轄地域の治安維持力を構成していたわけである。

このように見てくると、県の衙門はいまでいえば、県庁・官舎・税務署・警察署・裁判所を兼ねる機能を有していたことになる。だから、そこに胥吏・衙役あわせて数千人の職員がいても、何ら不思議ではない。そう考えてみれば、衙門の有した人員規模は、現代のわれわれも納得できる。堂々たる官庁だといってもよい。

しかし図示からもわかるように、そこに奉職していた正規の人員は、ごくわずかなのである。そのおびただしい部下は、みな胥吏・衙役であった。いまなら官僚・公務員・職員というべき正式な身分・地位をもたない。全員がみな、臨時のボランティア・アマチュアだったのである。

衙門はこのように、官員と胥吏・衙役という異質な人員から成る。正規・オフィシャルな少数の「官」と、非公式・アマチュアのおびただしい「吏」との間には、截然とした格差・差別があった。まさしく中国世界の二元社会を反映していたのである。典型例として、末端の県の衙門を紹介してきたものの、もとよりそこだけに限らない。

3 行政の実態とその二面性

衙門を担った人々

すでに述べたとおり、政府当局の把握していた「経承」などの胥吏は、県ごとに定員が決まっていた。その任には、一般希望者を採用する。希望者は金銭を納入して、就任の資格を獲得した。あえて資格というのは、カネを納めた人が、必ずしも実地に着任したわけではないからである。

それでも「経承」などの募集人数は、ごく限られたものである。かれらだけでは到底、事務ははかどらないし、こなせない。そこで、かれらをいわばリーダーとするおびただしい部下の胥吏が存在している。

胥吏は文字どおりの叩き上げであった。リーダー格の胥吏が、見習いの部下を一種の徒弟制度によって養成するのである。隠退するにあたって、自分の後継者を推薦するのが慣例となっていた。これを「保引《ほいん》」という。「保」証して「引」き立てるということだが、それはけっきょく血縁・地縁のコネにほかならない。したがって、自分の子弟・親戚・一族を後継の胥吏とする場合が多かった。またその地位には事実上、任期や交代はない。そのため、世襲になりがちである。

胥吏の地位はかくて、いつしか一種の権利株となってしまう。その授受にあたっては、莫大な金銭で売買貸借されていた。もちろん政府当局の与《あずか》り知らないところ、民間の自由取引である。逆にいえば、それだけ志望者が殺到していたわけである。

胥吏はもともとが労役、労働奉仕だったから、無報酬にひとしい。使える経費はおろか、生計を立てるための俸給すら、ほとんどなかった。かれらも人間なので、生きていかねばならない。とりわけ徒弟を迎え入れ、養成する年長・常勤の胥吏は、自分はもとより弟子の生活をも最低限、保証してやる必要がある。とはいえ、自身の俸給すらないのに、見習いたちに与える手当など、あるわけはなかった。

「陋規」とその弊害

それにもかかわらず、胥吏になりたい希望者が後を絶たなかったのは、やはり収入があったからである。単に、あった、というだけではなく、少なくなかった、のであって、それで生活の資を稼ぎ得る、という見通しのもとに集まっていた。

だとすればその収入、あるいは部局の経常費・人件費は、どこから来るのか。かれらが自ら、衙門に関わる庶民より、手数料ないしは賄賂《わいろ》としてとりたてたのである。ほかに収入を稼ぐあてはなかった。

事務方の胥吏ばかりではない。用務労務系の衙役も、そうした懐《ふところ》事情は多かれ少なかれ、ほとんどかわらなかった。その収入源もやはり、ほぼ同じである。あるいは、胥吏と収入を山分けする場合も少なくなかった。両者が積極的に結託しなくては、とりたてられないケースもあっただろう。

いずれにしても、法定の給与ではない。あくまで私的な金銭の授受だった。胥吏も衙役もそうするしか、生計を立てる道がなかったのである。

胥吏・衙役の執務ぶりも、こうなると想像がつく。とにかく生計をたてねばならないので、まずは手数料・賄賂の取り立てに励まねばならない。

この手数料・賄賂は、当時「陋規《ろうき》」と通称した。文字どおりには、「悪いきまり」という意味の漢語である。その授受がすでに「規」則化、定例化していた情況、しかし「陋」と表現するとおり、むしろ非合法で不正、決して公的な、法定的な、さらには正当、公正なものでなかった事情と意識がうかがえる。

では、通常手続きの手数料と、不正に見返り・便宜をはかってもらう純然たる賄賂とは、どう違うのか、どこで両者の線引きをするのか。それがきわめて曖昧だった。しかもその額は、自ずと相場みたいな範囲はできてくるにせよ、任意に動かすことができたものだから、けっきょく際限はない。だから「陋規」は、その気になって、うまく立ち回れば、いくらでもとりたてることができた。

胥吏・衙役の位置

胥吏や衙役に節度や高潔さを求めるほうが、そもそも無理だったというべきかもしれない。胥吏はフルタイムの衙門《やくしょ》勤めではありながら、あくまで臨時の労役、その場かぎりの職務という位置づけである。だからかれらには、いくら真摯に精励したところで、その報酬・褒賞はおろか、立身出世の道すらなかった。一生をその地位・職務のまま、衙門に寄生して過ごしてゆくのが通例である。

そして衙門正規のメンバーである官僚、くわえて地元の知識人・士大夫らエリートたちからは、つねに蔑みと賤しめを受けた。そのフラストレーションのはけ口が、同じ身分であるはずの庶民に向けられても、不思議ではない。

> 日々つとめても俸禄はなく、鋭意努力しても栄誉が手に入るわけでもない。すべて人民を喰《く》い物として生きている。……訴訟のよびだし、租税徭役《ようえき》、出納会計など、ほんのわずかでも胥吏の手を通すと、賄賂なしではすまされない。民衆が破家倒産の憂き目をみるのは、政府の求める賦役だけでそうなっているのではなく、大半は胥吏の家にとりこまれてしまうからである。

図表15　司馬光

と上奏したのは、北宋の司馬光《しばこう》である。『資治通鑑《しじつがん》』の編者として、中国史上第一流の歴史家たるかれは、また王安石の政敵でもあった。ライバルが矯《た》めようとした史士の格差・胥吏に対する差別の影響が、「人民を喰い物と」する現実政治の弊害として顕在化していることを、期せずして語っている。

すでに一一世紀から、こうした情況であった。王安石の改革が失敗して以降、数百年のあいだ、事態の改善したことを聞かないから、一八世紀の清代でどんなありさまだったか、言わずとも推して知るべしだろう。

もっとも、史料にしばしば出てくる胥吏の行動とその弊害は、かなり割り引いて見なくてはならない。とりわけ知識人エリートは、差別意識と制度的格差から、胥吏たちを見下して描くのが普通である。その胥吏像はしばしば、私利私欲・破廉恥《はれんち》をきわめる存在であった。上の引用文にも、そうした傾向はみてとれる。

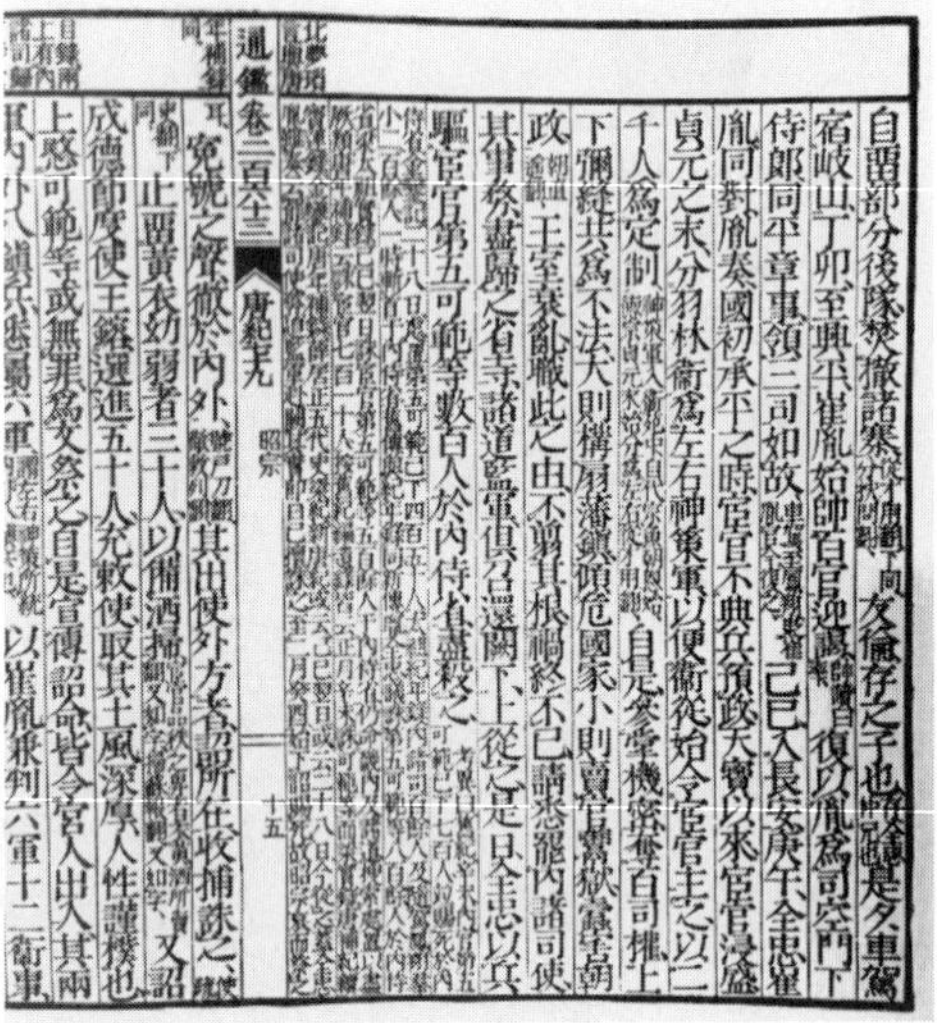
通鑑卷二百六十三 唐紀七十九 昭宗 十五
自置鄲分後隊焚撤諸寨 文德存之字也 是夕車駕
宿岐山丁卯至興平崔胤始帥百官迎謁 復以胤爲司空門下
侍郎同平章事領三司如故 己巳入長安庚午全忠與崔
胤同對胤奏國初承平之時宦官不典兵預政天寶以來宦官浸盛
貞元之末分羽林衛爲左右神策軍以便衛從始令宦官主之以二
千人爲定制 自是參掌機密奪百司權上
下彌縫共爲不法大則構扇藩鎮傾危國家小則賣官鬻獄蠹害朝
政 王室衰亂職此之由不翦其根禍終不已請悉罷內諸司使
其事務盡歸之省寺諸道監軍俱召還闕下上從之是日全忠以兵
驅宦官第五可範等數百人於內侍省盡殺之
究號之聲徹於內外 其出使外方者詔所在收捕誅之
止留黃衣幼弱者三十人以備灑掃 又詔
成德節度使王鎔選進五十人充敕使取其土風深厚人性謹樸也
上愍可範等或無罪爲文祭之自是宣傳詔命皆令宮人出入其兩
軍內外八鎮兵悉屬六軍 以崔胤兼判六軍十二衛事

図表16 『資治通鑑』

だからといって、その記述がまったくの虚偽であるとは、なおさら思えない。火の無いところに、やはり煙は立たないであろう。中国政治に歪みがあるとすれば、まずここにその根源が存した。

官員の位置

すでに述べたとおり、県の衙門には胥吏・衙役という非正規の職員のほか、長官の知県以下、れっきとした官僚・公務員が存在する。後者は人数こそ少ないものの、正規の地位を有するので、事務・労務の任に当たる前者の職員たちを監督、指揮する立場にあった。しかし実際は、どうだっただろうか。

胥吏・衙役はそもそも、長官らに選抜、任命された者ではない。したがって、後者にその人事権・任免権はなかった。各部署の胥吏にいかがわしい人物がいて、それに気づいたとしても、たしかな過失・犯罪があって処罰するのでなければ、懲戒罷免《ちょうかいひめん》することはかなわなかったのである。権限からして、まずそうであったから、いかに有能な人物が長官であっても、その実力をもたなかったたし、いかに善意美旨の法律がそなわっていても、その効用は乏しかった。

胥吏・衙役は地元土着の住民で、ほぼ一生、その衙門に勤めるのに対し、府・県の知事は任期が三年ないし五年と限られていたし、故郷・出身地には任官できないきまりであった。これは別に清代に限らないし、府県の地方官にも限らない。唐宋時代以降、君主独裁制を象徴する慣例、官僚機構全体の通則であり、これまた一千年つづいた。地元の人々と親しくなると、結託して不正・腐敗を犯すばかりか、反抗・割拠にまで至る恐れがあったからで、先に転勤族・渡り鳥と称したゆえんである。

これでは、県の知事をはじめとして、正規の官僚のほうは、実質的にはほとんど異邦人、旅客にひとしい。胥吏・衙役が衙門の主《あるじ》になるのは、ごく自然ななりゆきだったし、当の本人たちも、まちがいなくそう自任していた。

能力からみても、そうである。胥吏・衙役はほとんど地元土着の住人だった。はじめから土地の事情に明るいし、経験を重ねて諸般の手続きに通暁している。そのうえ、親しい一族郎党で部署を固めたから、実地の行政はすべて胥吏・衙役が、一手に仕切っていた、といっても過言ではない。

逆にいえば、胥吏・衙役の存在しない事態は、それは行政・衙門の実質的な機能がまったく停止することを意味する。だから胥吏たちは、自らに規制・懲戒・処罰が及ぶような局面になると、しばしば個別のサボタージュにとどまらず、集団的なストライキまでも敢行して対抗した。結果はつねに官員の側の敗退におわったし、官員たちはややもすれば胥吏・衙役に弱みを握られて、翻弄《ほんろう》されたのである。

これでは官側の主導権など、およびもつかない。地方官が実地の行政に熱意を欠き、あらゆる実務を胥吏・衙役に一任し、ただ文書に判を押すだけで事足れりとしたのも、むしろ当然である。

かたや庶民のほうも、あらゆる問題に関して、胥吏の手を経ないことには、官当局とのコンタクトがとれなかった。そこでかれらから、何かにつけて「陋規」を搾《しぼ》り取られる結果となる。そうした慣習が数百年、積み重なってきた。その間に、上は官を脅かし、下は民を虐《しいた》げる胥吏・衙役の威権は、牢乎たる根柢を張ったのである。

「官に封建無く、吏に封建有り」

王朝時代の中国で人口に膾炙したフレーズに、「官に封建無く、吏に封建有り」というのがある。これはまさしく、以上に述べてきたような文脈から生まれた。南宋の葉適《しょうせき》という政論家が引用、紹介した諺《ことわざ》で、含意もはっきりしている。もっとも、現代のわれわれが立ち入って考えるには、少し注釈が必要かもしれない。

　この場合の「封建」とは、直接には地位・職務の世襲を意味する。けれども、われわれの連想しがちな封建制を構成するいくつかの要素を、ひろく念頭に置いてもよさそうである。つまり世襲はもちろん、在地主義、割拠・セクト的、因襲的などなど。もちろんネガティヴな意味あいである。

　しかし封建制の機能は、悪弊ばかりでもない。胥吏にせよ衙役にせよ、事務・労務を事実上、世襲とした一種の職業集団である。多かれ少なかれ熟練、精通した手腕を要するし、また徒弟制度で自ずとそうなったから、現実に練達の人々が多かった。地元人の「封建」ならではのことである。実地の地方政治がそれなりに滞りなくすすんだのは、まちがいなく「封建」の存在と機能によっていた。

　逆にいえば、本来そこで治政をおこなうべき官員は、すでにみてきたとおり、およそ無力だった。「封建」が「無」いとは、転勤族・渡り鳥、数年の任期で交代することを表現したものであって、むしろ当時の君主独裁制、さらには近代的な官僚制の特色でもある。そちらに効力が乏しく、「封建」のほうに力があったとすれば、われわれの歴史感覚からはまったくの逆行、アナクロニズムというほかない。

君主独裁・トップダウン的な官僚政治の外貌をとりながら、実質は「封建」・ボトムアップ的な胥吏政治だった。相反する表面と裏面があったわけで、こうした二面性こそ、むしろ中国世界の特徴というべきである。

それならこの表と裏は、どこに中心・接点をもって均衡・調和を保って併存していたのであろうか。胥吏・衙役があまりに非道・無法なら、さすがに官員もだまっていないだろうし、官員・知県がほんとうに全くの無能・無力なら、胥吏が実力でこれを排除してもおかしくない。調和・併存が破綻して、表一色になるか、裏が表に化けるか、そうした方向もありえたはずである。

だが史実は、一千年のあいだ、決してそんな経過はたどらなかった。「官」と「吏」、表面と裏面はやはり一体だったからであり、両者を密接不可分ならしめたものがあったからである。

Ⅳ 改革——雍正帝と養廉銀

1　清代前期の情況

官僚の俸給

以上に述べてきたとおり、王朝時代の中国の衙門は、胥吏・衙役という非正規・無報酬のいわば職員と、長官の知県以下、正規・有給の官僚・公務員とで構成されている。これは県に限らない。大小ほとんどの官庁で共通する。後者の官員は人数こそ少ないものの地位は高いので、事務・労務の任に当たる前者の職員たちを監督、指揮する立場にあった。

しかし実際には、その官僚たちがほとんど無力だったのも、やはり先にみたとおりである。無力だっただけではない。かれらは胥吏たちに死命を制せられていた、というほうがむしろ正しいだろう。その原因もやはり、個々人の資質や能力ではない。制度的・構造的な問題だった。

官員たちには胥吏・衙役と対蹠的に、政府から支給される俸給がある。現代の俸給表のようなものが、かつての中国にも存在した。有名な「官品」である。日本なら「正一位《しょういちい》」「従三位《じゅさんみ》」というような「官位」制なのに対し、中国は「品」という文字を使った。上品・

下品の「品」である。いずれにせよ、ランクという字義ではかわらない。

数字でそのランクづけをあらわすのは、いまの俸給表と同じであって、この場合は数字が少ないほど、ランクが高い。これも日中共通しており、もちろん日本が模倣したのである。そのランクに応じて、俸給が支給された。現代につながる清代の例をみてみよう。

地方官についてみれば、省全域を治める総督・巡撫は、もちろんランクが高い。従一品ないし正二品の官である。一品の年棒は銀百八十両、二品は百五十五両だった。もっと地方末端にまでいくと、数県を束ねて管轄する府の知事は、四品で百五両の年俸、県知事は正七品だから、四十五両である。

物価は時期・地域によって変動・偏差が大きいし、中国の場合、今も昔も統計数値のデータは、全面的な信頼を置くわけにもいかない。けれども、大まかな推移・トレンドをさぐるくらいなら、十分に可能である。

一八世紀のはじめは、おおむね銀一両で米六斗が買える相場だったから、単身・核家族なら県知事の四十五両の年俸でも、食べるだけはやっていけたかもしれない。しかし各々、れっきとした官僚エリートである。ランクが上がるほど、養うべき一族郎党も増えただろうし、社交も幅広く頻繁、しかも派手とあっては、高位の総督・巡撫ともなれば、それしきの俸給だけで暮らしてゆけるはずはなかった。勢い別の収入が必要になってくる。

ある「清官」

ひとり一七世紀末の例をあげたい。陸隴其《りくろうき》という官人がいる。浙江《せっこう》省平湖《へいこ》県の人で、令名ある朱子学者だった。また同時に、現在の上海市に含まれる嘉定《かてい》県や河北《かほく》省の霊寿《れいじゅ》県の知事などを歴任した地方官でもあって、その治績で「清官」、つまり清廉潔白な官僚だと称《たた》えられた人物である。時の康熙帝《こうきてい》にも絶賛された。

三藩《さんばん》の乱など、戦乱を収束させたばかりの帝は、清朝の事実上の建設者であり、治政にも意欲的な青年皇帝である。行政改革を進めるにあたり、局に当たる官僚たちに清廉潔白を奨励していた。伝わるところによれば、陸隴其は「弊政を除去して、饋遺《プレゼント》を謝絶した」というから、そんな治世の代表的な人物だったのである。覚えめでたく、官僚の非違を弾劾すべき監察官にも抜擢されている。

その暮らしぶりはといえば、日常必需の費用も自腹の持ち出し、夫人は下女とともに、紡織の副業に従事して、食費をまかなった。来客が来ると、粗食をともにして学問を談じ合うのが常で、任を離れる時の荷物といえば、書籍数巻と夫人の使う織機だけだった、という。まさに清貧を地で行ったような生涯であった。

こんな知事なら、地元の庶民の評判が悪かろうはずはない。離任をみな惜しんだ、と史書は特筆しており、もちろんそれは、後世で評価の高かったことをも意味する。けれども同時代・リアルタイムの輿論《よろん》でいえば、どうだろうか。

清廉と清貧

とりわけ仲間内の官界では、まちがいなく奇特な部類に入った。「出る杭《くい》は打たれる」。こうした人物はえてして疎《うと》まれるもので、むしろ不遇だったといってよい。

上司への礼物があまりに簡素だったことで不興を買い、弾劾を受けて免職の憂き目にもあった。さらには、「清廉」を標榜する人事が看板倒れになっている、と康熙帝に直言したことで、流刑に処されそうにもなったこともある。

康熙帝の御代、とりわけ一七世紀末から一八世紀前半にかけては、清朝の拡大期であり、帝自身も名君の誉れ高かった。けれどもそんな国運隆盛の内実は、陸隴其の直言どおり、いささか看板倒れのところがあった。表面的な評判、また「清廉」をくりかえす帝の呼びかけとは裏腹に、とりわけ実地の行政そのものに、大きな改善はみえなかったのである。

それはあながち、康熙帝一人の責任でもなければ、ましてや陸隴其ら知事たちの責任でもない。ほんとうに清廉潔白であろうとすれば、清貧にならざるをえなかった。奇特な陸隴其が甘んじた、そして凡百・大多数の官僚には堪え難かった清貧を生み出してしまうしくみが、確かに存在したからである。

だから貪欲な腐敗官僚も決して少なくなかったし、そのなかには、根っから悪逆非道な人物もいただろう。しかし問題は必ずしも、そうした個々人の手腕や善悪、キャラクターばかりに還元することはできない。

廉潔がとりもなおさず清貧・貧窮を意味するのなら、貧しさを厭えば、多かれ少なかれ、どうしても不正な収入に頼ることになってしまう。問題はむしろ、そこにあった。あまりにも低い俸給が招いた事態であり、そうした俸給体系を不可避とする制度全体を考えなくてはならない。

財政の理念と実態

政府財政は、税収から成り立つ。古今東西、重税はもとより、普通の納税でさえ、庶民の好むものではない。

そのため中国では古来、財政支出の基本額をなるべく低く見積り、歳入・徴税もなるべく少なくするというのが、とりもなおさず善政であった。要するに、チープ・ガバメントをめざしたのである。そこは程度の差・条件の違いこそあれ、どの王朝政権の態度も、総じて変わるところはなかった。

そうした点、同じく「財政」と称するからといって、一概にわれわれ近代国家の財政制度で類推するわけにもいかない。少し慎重な検討が必要である。

主にみるべきは、三つの方面となろうか。第一に歳出の及ぶ範囲、ついで、逆に及ばない範囲、そして第三に、いずれの範囲でも、入用はいかにしてまかなわれたか、そのありようである。一八世紀から一九世紀の初めあたりまでの情況を、一つの基準に考えてみよう。

まず財政支出である。そのおよぶ範囲は、ごく狭い。そのチープ、ケチぶりは徹底している。ほとんど中央の所管する政権構成員の官僚・軍隊を対象とする人件費だった。かれらはともかくも、権力そのものを体現した人々ではあって、そのため権力が捻出する俸給で、生計をたててゆくべきことが、ひとまず想定されていたわけである。

逆にいえば、チープな財政だから、支出はそこにしか行きわたらず、ほかの経費・手当は、ほとんどなかった。つまり財政は、いわば権力機構の自己保存のためにしか、存在していなかったとみなすことができる。そのほかは財政がカヴァーしない範囲、いいかえれば権力本体の埒外といっても、あながち過言ではない。ここがわれわれの思い浮かべる財政と大きく異なる点である。

そうだとすれば、いわゆる権力本体・権力機構に相当するのは、ごく限られた人々であった。上でつぶさにみた県の衙門でいえば、数千人の構成員のうち、渡り鳥の知事以下、ごく数名から十数名である。ほかはみな本来正規の衙門構成員とも、権力機構の一員とも認められない。そのためほとんどタダ働きになった、というわけである。

地方財政の欠落と「陋規」

しかり、実地の地方行政の経費支出は実質上、認められていなかった。われわれの言い方なら、地方税・地方財政がまったく考慮されていなかったのである。たとえば衙門の維持費・勤務者の人件費・事業の経費など、いっさい政府財政の関知するところでない。要するに、各地実地に適宜やってゆけ、というわけである。これも清朝に限らず、北宋以降の歴代王朝政権では、やはり多かれ少なかれ、共通した特徴であった。君主独裁制の確立と、それに応じた財政体系の変化に、どうやらその一因がある。

それまでの律令を通じたトップダウン一元体制では、上にも述べたとおり、とにかくナマの労働力を徴発して働かせるのが原則だった。政府の公共事業も、それにともなう物資の調達も、唐代までは人民の労役醵出《きょしゅつ》が、その主体・基準をなしていたのである。

それが次第に物納化し、銭納化していったのが、唐宋変革の重大な一面だった。財政もそれに応じて、貨幣による出納へと転換する。

もっともそうした貨幣化が、あらゆる労役を一挙に塗り替えたわけではない。浸透をはじめたのは、中央政府と軍隊に関わるところからである。そのため旧態依然の部分も残存した。地方行政の事務や施設は、その典型にほかならない。最もローカルなレベルに、最後まで労役奉仕が残ったまま固定してしまった。

一一世紀、王安石の新法のうち、代表的な募役法や胥吏の俸給支給などは、そうした貨幣化・財政化の埒外にあった地方の行政経費を、あらためて政府の財政体系に組み込もうとするねらいがあった。けれども挫折におわった結果は、上述のとおりである。

それでも地方行政の現場だけが、労役奉仕のまま停滞しているはずもない。貨幣経済が次第に浸透した。前後して、衙門の業務も複雑化専門化し、たとえば胥吏も専業化して、余人を以て代えがたくなってくる。にもかかわらず、地方財政が正規の財政体系に位置づけられることはなかった。

それなら地方の行政経費は、どこから持って来たのか。けっきょく、人民からとるしかない。上にも述べた、いわゆる「陋規」の発生する素地がここに存する。

では、「陋規」の取り方はどうだったか。あからさまな賄賂やつけとどけ、あるいは法外な強奪もあっただろう。だがそれはほんとうに異例、ないし不正であるので、ひとまず除外したほうがよい。もっと常態化した、通例というべき「陋規」は、おおむね附加税の形をとっていた。つまり法定額にしかじかの割増をかけて税金としてとりたてるのである。その割増分を地方財政に充当するという方法が、最も普通にみられるところだった。

もちろんその附加税は、政府が公式正式に認めたものではありえない。しかしどうしても必要なので、やむをえぬものとして、黙過黙認するのが常であった。

こうして定着した慣習が、さらにまたチープ・ガバメントに拍車をかけた側面も否めない。どうせ地方官は必ず割増をかけて徴税するだろうから、必要な分をことごとく正規の税額に計上すると、そこにまた附加税を納めなくてはならぬため、負担はかえって増大してしまう。原額が少なければ、割増をしても大した額にはならない。こんな理屈から、徴税の規定額面をできるだけ少なく定めておこうとする動機がはたらきつづけた。いよいよ附加税を制限、撤廃する契機を失ったのである。

2　雍正帝の改革

「火耗」問題

時代が下って一八世紀のはじめ、当時はすでに大航海時代を経、中国もグローバルな貿易関係が成立していた。各地から流入した銀が、中国の通貨の地位を占めており、政府の財政も銀建てになっていた。当時の課税も銀で納めている。

その銀はいわゆる秤量《しょうりょう》貨幣、地金でそのまま流通した。いろんな形態・重量・純度の銀が出回るので、やりとりするたびに、それを量りながら使うわけである。

税のうけわたしも、基本的に同じであった。ただし政府当局としては、規定の税額があるので、とりたてた銀は一定の品質のものを一定量そろえなくてはならない。しかし納税側の支払う銀は、各々まちまちである。そこで税収は、集まった零細雑多な銀の断片を一度、鋳直して純度・重量のそろったインゴットにしなくてはならなかった。

そのさい不純物などを取り除くので、どうしても目減り分が出てくる。法定の額面・分量をとりたてるだけでは、税収が不足する結果になりかねない。そのためあらかじめ、その目減り分を税額に上乗せして徴収する慣例となっていた。この上乗せ分を「火耗《かこう》」とか「耗羨《こうせん》」とかいう。前者は「火にかけて起こる目減り」、後者は「目減り分の上乗せ」というくらいの意味である。

この上乗せ分がほんとうに目減りを補うだけなら、問題はない。しかし目減りの多寡は、まったくケース・バイ・ケースなので、当事者の都合でいくらでも加減がきく。そこでこの「火耗」が、そのまま「陋規」、附加税と化した。その負担は公平でもなかったし、際限もなかったのである。

いっぽう衙門の立場からみれば、この「火耗」から事務経費を捻出し、無給の胥吏・衙役の俸給をまかない、官員の俸給不足を補うのであって、不可欠の資金源ではある。しかしすでにみたとおり、「陋規」には三種あった。欠かせない「陋規」のみならず、グレーゾーンのそれもあれば、とってはならぬ法外な搾取もあった。「火耗」もまったく同じ、そこに規制がきかないとあっては、莫大な収入をえて、私腹を肥やす人々がはびこるのも、いたしかたない趨勢である。

地方末端でとり込んだ「火耗」「陋規」の銀収入は、ローカルな官・吏それぞれをうるおすだけでなく、順ぐりに上級の衙門にも送られた。その上級の官僚は、正規の俸給以外に、その千倍以上の収入を着服したともいわれる。だから末端の官・吏がどんな不正を犯しても、取り締まることはできなかった。

こうしてトップダウン、上から支給される公式正規の微々たる給与に対し、下から上へボトムアップしてゆく、一種のヤミ給与・賄賂授受の体系というべきものができあがってしまう。

雍正帝の登場

清代の中国では、こうした趨勢は一八世紀に入った康熙末年に、ほぼ固まっていた。陸隴其の例でつぶさにみたように、「清廉」をよびかけるばかりで、制度そのものに手をつけなかったからである。個々の「清官」は輩出しても、それが全体の「清廉」化には結びつかなかった。

「清官」の言動は、陸隴其の例にみられるように、むしろやりすぎ、あるいは偏頗《へんぱ》だとして、譴責《けんせき》の対象になったりしている。帝室や宰相、有力者の既得権益を侵しかねず、しばしばその禁忌に触れたのであった。

しかも治世に意欲的だった康熙帝は、六十年という長き在位の末、晩年には気力も次第に衰え、統治もいよいよ弛緩が目立つようになってくる。その典型的な表現が「火耗」をめぐる問題であった。その取り立てはいよいよ節度を失い、悪化の一途をたどってゆく。庶民が苦しんだ民間・社会レベルの弊害ばかりにはとどまらない。政治的な紛争にもつながっていた。

図表17　雍正帝

一七世紀には中国の騒乱を鎮《しず》め、平和を回復した康熙の末期は、このように決して安穏な時世ではない。心ある人々は、多かれ少なかれ危機感をつのらせていた。そうした輿望をになってあらわれたのが、雍正帝《ようせいてい》だったのである。
雍正帝は康熙帝の第四子、一七二二年に父帝の崩御をうけ、四十代半ばで帝位に即いた。

それまでずっと、先帝の治政を観察した評価は、ずいぶん厳しかったように思われる。もちろん父親を継承した身として、その治績を尊重せねばならぬ立場にあるから、批判を公言するわけにはいかないし、旧来の制度をいきなり否定することもできなかった。けれども、かれの以後の行動や施策をみれば、そうした姿勢は疑いを容れない。

雍正帝の即位は、そもそも円満な皇位継承ではなかった。兄弟どうし熾烈《しれつ》な勢力争いをくりひろげた結果である。もちろんその過程で、ライバルは支持者を集め、党派を結んで、勢威の拡大にいそしんだ。

そうした党派争いに、「火耗」問題も無関係ではない。附加税を取り立てるにあたっては、苛斂誅求《かれんちゅうきゅう》・贈収賄・公金着服などの不正不法がつきもの、それを隠蔽するため、上下左右たがいに馴れ合い、庇《かば》い合った。政治的な私党の跋扈・跳梁は、社会レベルの「火耗」問題が、その温床の一つをなしていたのである。

後継者の選定に苦悩した先帝のみならず、雍正帝本人もそうした党争に苦しんだ一人である。そのため帝は、党争の根絶をはかるとともに、私的な結託の基盤をなす官界の弊害を正そうとした。

康熙帝の治政は、中国従前の慣例を尊重する傾向が強かった。その前半は内乱を経たばかりでもあり、なるべく抵抗を減らそうとの配慮だったのであろう。しかし平和と景気が回復してくると、そうした寛仁大度《かんじんたいど》が、むしろ迎合と弛緩としてあらわれ、党争ばかりか、不正・腐敗に拍車をかける結果になった。

そこに歯止めをかけ、緩んだタガを引き締めるのが、新帝の課題であった。「火耗」問題はいわば、その試金石だったのである。

改革へ向かって

「火耗」の弊害が時の経過とともに悪化しては、従来のように正規の税額基準をなるべく軽く見積もる方針は、まったく意味がない。いちど税制そのものに徹底的な整理を加え、たとえ結果的に増税となっても、地方財政を公的に捻出すべきである。そのほうが結局は、官・吏の収入も安定し、「陋規」着服も抑制でき、ひいては庶民のためにもなるのではないか。こうした考え方が出てきてもおかしくない。改革をめざす雍正帝の登場は、そこに棹《さお》さすものだった。

ところが雍正帝にも、かれなりの立場がある。中華王朝の君主というのは、儒教的理念のもとに行動せねばならない。とりわけ孝道は、すでに制度化されて久しく、祖宗の尊崇はあたりまえ、父祖の創始した制度、いわゆる祖法は神聖不可侵、遵奉するのが、いわば子孫の義務であった。

しかも異種族の少数派・満洲《まんしゅう》人政権の清朝は、一七世紀の半ばに中国に君臨して以来、善政を標榜してきた。人口の大多数をしめる漢人を、かれらが円滑に統治するには、善政でなくてはならない。さもなくば、異種族というだけで、多大な抵抗、排斥にあう。善政・名君という評判が重要、かつ不可欠なのであった。

課税はもちろん、軽ければ軽いほど、納税者からの受けはよい。そのため減税免税が、半ば清朝の祖法となっていた。雍正帝も自分の代になって、いきなり公然と増税にふみきるわけにはいかない。

それは祖法を破ることにひとしいし、記録・歴史に残れば、末代まで汚名が伝わってしまう。雍正帝本人も表向きには、従前から重すぎると悪名高い蘇州《そしゅう》地方の租税を減じて、その恩沢をアピールしていた。だから増税は形式だけでも、帝の屑《いさぎよ》しとするところではなかったのである。

だからといって、財政整理の必要は減じない。そこで雍正帝は、個別に地方官に命じ、自らの発意として財政整理、ないし増税を実施させたうえで、その経過・結果を天子が個人的に追認してゆく手続きを践《ふ》むことにした。つまり天子の公式な命令でもなく、中央政府を通じた指令でもない。あくまで現地の臨時的、その場かぎりの対処、手当という形式をとったのである。

改革の実情

これはもちろん、増税の悪名を憚ったという事情もある。けれども、それればかりではなかった。

中国は広大で、地方によって各々事情を異にしている。中央主導の措置は、画一的に流れやすく、かえって実地の行政の妨げになりかねない。このあたりの機微を雍正帝はよくわきまえていた。

かれは中央の省庁を通さず、直接に地方大官と密な連絡をとって、財政整理の任務を委ねている。最もよく実地の実情に通じているのは、地方官たち自身であるから、親しく十分に調査したうえで存分に実行せよ、というわけであった。

いわばトップダウンとボトムアップの兼ね合いである。すでに「火耗」の徴収は、現地ローカルなレベルで慣例化していた。そこから必要不可欠な地方財政を支出したためである。だからといって、それを正式の財政にくりいれるわけにもいかなかった。正規の財政は制度的に、トップダウン的な中央財政しかなく、千差万別の使途に柔軟にあてるべき、ボトム・ローカルな財政運営にまで行き届いていない。取り立てた附加税がそこに吸収され、通例所定の税収と変わらなくなっては、その支出も地方にまわらず経費が不足してしまう。それをまかなうために、新たな附加税を再生産することも起こりかねない。そんな財政整理では、まったく無意味である。

中央が容喙、干渉しない地方本位の裁量措置を、中央トップの皇帝自ら命じる、という一見矛盾したやり方は、このように当時の制度的な実情とも、合致していたのである。皇帝の主導・チェック・認可は必要ながら、あくまで地方実地の自主的な対処にとどめなくてはならなかった。その辨別《べんべつ》が、雍正帝・清朝の体面ばかりではなく、現実の制度上からも、必要だったわけである。

養廉銀の創設

こうして実施に移すことになったのが、「陋規」・「火耗」の徴収を公認し、そこから地方経費を捻出しようという方針だった。雍正帝じしんのセリフを聴いてみよう。

理に合わないあらゆる陋規は、もちろん撤廃しなくてはならぬ。しかし長く慣例になっていて、しかも大きな弊害のなかった陋規まで、見栄を張って全廃してしまっては、現地で必要な経費や褒賞などが、まったくまかなえなくなるので、それは不可能だ。

こうした方針のもと、現地から直接に情報を集めて実情を調べ上げた雍正帝は、「公費」「公用」として一定限度の附加税徴収を認めるとともに、それを超過する分は、官・吏の不法な徴収・私的な着服として、法外な搾取に歯止めをかけた。あわせて、あまりにも少額で、不十分な俸給しかもらえない官員には、その埋め合わせとして職務手当を支給した。この手当を「養廉銀《ようれんぎん》」という。

以上のような改革を実施に移すには、やはり地方現地の事情を知悉《ちしつ》する当局が、自ら主導しなくてはならなかった。そこで、雍正帝の信任厚い地方大官・河南《かなん》巡撫の田文鏡《でんぶんきょう》の事例をみてみよう。河南省の土地税は、課税額が銀三百万両だった。そこで一割三分の附加税をかけて約四十万両を得、そこから地方経費をまかない、官員にも養廉銀を支給することにした。もちろん附加税の税率は、各地でまちまちである。

養廉銀はそれぞれの職務に応じたもので、品階・ランクごとに決まっていた公式の俸給とは異なっている。田文鏡本人の任じる巡撫に対する養廉銀は、年に銀一万五千両だった。本来の俸給は二品官の百五十五両だから、臨時の手当のほうが、百倍にものぼる高額である。

しかし巡撫は、日本全国ほどの規模を有する一省を管轄していた。それくらいの大官になれば、交際も頻繁で、家族も多い。下女下男を多数に抱えるから、一家は少なくとも四、五十人、多いときは四、五百人を越えていた。しかもそのなかには、衙門の執務を補佐する人々も含まれる。そうした人々すべてを養うには、せめてこれくらいの額は、必要なのであった。だから巡撫だけではない。多少の差はあれ、どの官員でも手当の相場は、おおむね本俸の数十倍から百倍以上にのぼったのである。

「養廉銀」という命名《ネーミング》は、文字どおり廉潔を守るための手当を意味した。だとすれば、当時

単位：銀両

品階（文官）	俸給	養廉銀（一例）
一品	180	20,000（総督）
二品	155	15,000（巡撫）
三品	130	9,000（布政使）
四品	105	3,700（道台）
五品	80	2,400（知府）
六品	60	1,250（知州）
七品	45	1,200（知県）
八品	40	
九品	33.1	
未流入	31.5	

図表18　清代の養廉銀

の官僚は「廉」潔を「養」わなくてはならない、つまりみな汚職役人だったことになる。養廉銀の支給以前は、それ以上の額を「陋規」「火耗」として不正にとりたてていたのだから、現代の視点からみれば、まったくそのとおりだった。

このように官僚の非違・汚職に対しては、雍正帝とその部下たちも、われわれ現代日本人とあまり変わらない感覚をもっていたらしい。腐敗に対する敵意みなぎる姿勢は、思わず共鳴を覚えるし、またそれを看板倒れにしないよう、個々人の賞罰にとどまらず、実情に即して制度から再考したところも、大いに納得できる。

3 末路

官と吏のあいだ

こうした附加税の公認と地方経費の支辨・養廉銀の支給は、雍正帝の庶政改革でも、最大の柱になっていた。そして大きな成果をあげたものの一つである。

「制度改革ののち、上司はそれぞれ経費も十分で廉潔を養うことができ、部下の府県から搾取をしなくなりました。その府県も、各々経費が充足し廉潔を養い、かえって実収さえ得ることができました。生活費も十分なばかりか、公金の欠損もおこらなくなったのです」

「朕《ちん》の践祚《せんそ》以来、この事業はまことに善政だといえる。いま各省はみな模倣実施している」

以上は雍正帝と田文鏡とのやりとりで、君臣とも成果に並々ならぬ自負をもっていたことがうかがえる。実際、養廉銀制度は帝のことばどおり、やがて全国に広まって定着し、二〇世紀に至るまで続いた。清朝を特徴づける制度となったのである。

そのため後世からも、雍正時代は政治を清潔にし、賄賂を絶ち、綱紀は正し、貪官汚吏を懲《こ》らしめ、上下みな法を守って廉潔だった希有の御代だと評された。改革の成果は、たしかにめざましかったのである。

しかし手放しで称賛するわけにもいかない。雍正帝の改革には大きな限界があったからである。まず養廉銀は官員に支給するものだった、というところがポイントである。それは逆にいえば、衙門の構成員の大多数を占める胥吏・衙役には、全くいきわたらなかったことを意味する。

胥吏たちは、官員以上に俸給が乏しいから、やはり「陋規」をとらねば、生活できない。官員は養廉銀の支給で、ともかく生活のメドは立ち、また規制もくわえられた。だから官・吏の結託や官員からの強要・圧迫に由来する不正・横暴は少なくなり、したがって「陋規」じたいも減ったであろう。

それでも胥吏・衙役が存在し、俸給が事実上ゼロである以上、「陋規」がなくなってしまうことはありえない。見方をかえていえば、官員の「陋規」を否認した養廉銀の制度は、同時に胥吏が得る「陋規」は、半ば公然と黙認したことを意味する。

改革の史的意義

グレーゾーンの「陋規」は、こうして残存した。表面上ホワイトを装いながら、いつでもブラックに転じかねないから、グレーなのである。ブラックとして摘発を受けないよう、つねにホワイトの外貌を整えておかないといけない。そのため胥吏どうしが、上下左右に連絡を密にする。たとえ不正・横暴はなくとも、胥吏の威権はそのため、かえって増大する傾向さえ生じた。

こうした胥吏に対する取締には、さすがの雍正帝も自信がなかった。信頼できる現地の大官に言い含めて、目に余る横暴を抑制させるくらいが関の山である。官員のレベルでの腐敗をなくし、官・吏の結託と不正を防ぎ、実地に庶民と接する胥吏や衙役に対する監視と指導の徹底を期待するほかなかった。

「陋規」・附加税はグレーであれ、ブラックであれ、地方財政をまかなう役割を果たしていたから、実質的に欠かせなかったものである。しかしそのとりたては従来、あまりにも恣意《しい》的で不公平だった。雍正帝の改革は、その徴収を明るみに出して、搾取や流用・着服に一定の制限を加えようとした試みである。後世の客観的かつ無責任な立場から、あえて辛辣《しんらつ》な言い方をすれば、それだけであった。

それだけでも確かに、巨大な事業ではある。けれども客観的にみれば、行政改革・社会改革としては、ごく微温的にとどまった。官・吏の体系を質的・量的に組み換えたわけではないし、ましてやその体系を組織する人々の意識が変わったはずもない。

一一世紀の王安石の試みと比べてみれば、はっきりする。当時の新法は官・吏の乖離を阻み、吏士の格差・士庶の差別を無くし、上下を一体化して、社会全体のありようを変えようとしていた。またそれを可能だとみても、おかしくない時代だったのである。

しかし一八世紀になると、そんな企《くわだ》てはとても現実的ではなかった。数百年たっては官・吏、上・下の差別・乖離は、もはや固まって動かしがたく、そこに生じる弊害をいかにくいとめるか、が課題にならざるをえなかったのである。

時代の終わりと反動

その点からみるかぎり、雍正帝の改革は、あくまで対症療法だった、というべきである。その前後の時代、症状すら自覚していないところからすれば、帝の事業とその時代の重要性は否定すべくもない。そうはいっても、対症療法はしょせん対症療法であって、病原の根治がなくては、病症再発のやむなきにいたってしまう。それはやがて、歴史が証明した。

雍正帝は刻苦勉励《こっくべんれい》、粉骨砕身、治世に尽力して、最後は過労のすえに崩じる。享年五十八。今の基準でいえば、まだまだ働き盛り、早世といってよい。そんな帝にはまことに申しわけないことながら、後世のわれわれは、かれの努力と事業がほとんど報われることなく、烏有《うゆう》に帰してゆく悲劇的な経過をみなくてはならない。

一七三五年、雍正帝が崩御し、後嗣《こうし》の乾隆帝《けんりゅうてい》が即位すると、さっそく反動がはじまった。偉大な父親に抵抗したいのは、息子の一般的な心情でもある。雍正帝じしんも康熙帝に対して、そうだった。

祖父の康熙帝に対する乾隆帝の意識過剰は有名だし、また火を見るより明らかでもある。六十年という在位年数・江南《こうなん》巡幸のくりかえしという行動様式にもうかがわれるのであって、そうした言動は裏返せば、父親の雍正帝に対する批判・黙殺にひとしい。

実際の政務でも、同じである。康熙を克服しようとした雍正は、あらためて乾隆が否定した。ことさら前代の方針に反する趣旨の意見をとりあげたのである。「康熙・乾隆」という時代概念すらあったから、日本の東洋史学が再発見するまで、雍正帝はむしろ忘れられた存在だった。

それでなくとも、康熙までの緩んだ政治に慣れ切っていた官・吏たちである。一転して厳正な雍正帝の施政に対し、困惑は隠せなかった。のみならず、不満・怨嗟《えんさ》を含む向きも、決して少なくなかったはずである。それでは、雍正時代に引き締めた綱紀が、いつまでも持続できるはずもない。乾隆の反動で、むしろ康熙的な弛緩にもどってゆく。そうした転換は「火耗」「陋規」の問題も、やはり例外ではなかった。

制度定着の意味

養廉銀制度は雍正帝が期したとおり、全国的に普及して、以後も定着した。ということは、官員より圧倒的多数の胥吏の「陋規」徴収も、定着して認められたことになる。

その「陋規」、附加税が胥吏の生活費もふくめ、実地の「公費」に使われているかぎり、まだ問題は少ない。それには、養廉銀がその名のとおり、官員を満足させ、その廉潔を養う機能を果たし、胥吏の横暴不正・過度な「陋規」搾取に対する抑止力として機能することが必須である。

綱紀粛正のゆきとどいた雍正時代には、まだそれが期待できた。しかし世相のすっかり変わった乾隆時代、そんな抑止力がどこまで有効だっただろうか。

まず大きな問題は、制度上の変化だった。「公費」の捻出は雍正時代、あくまで地方現地の裁量に任せて、中央政府がその正規の財政とすることを避けていた。雍正帝とその信任ある大官が、現地の事情を把握しているかぎり、附加税のとりたてとその使途に一定の規制がかかると同時に、臨機応変、時々の実情に応じたフレキシブルな地方財政の運営もできていた。

しかし雍正帝が崩じて、地方大官との個人的な意思疎通が失われると、そうはいかなくなる。地方だけでは決められないし、中央は実情にくわしいわけではない。附加税の収支と「公費」捻出、養廉銀の支給を正規の制度として公開しなくては、運営そのものが滞ってしまうのであった。そうなると、中央政府がコントロールできるように、各地一律に一定額を決めて管理する財政手続きとならざるをえない。各地の事情に応じた融通ある運営は、もはや望めなくなった。

附加税を一定額とったにもかかわらず、「公費」の不足という事態が起こってしまうと、新たな附加税の徴収にうったえざるをえない。いくらでもとりたててよいことになってしまう。附加税・「陋規」を抑制したはずの改革は、転じてその再生産と増大をひきおこしかねない方向をたどった。

インフレ好況のはてに

いまひとつは、経済景況の変化がある。一八世紀の中国は、前世紀のデフレ不況から脱して、好景気に転じていた。あたかも乾隆帝の御代、そのインフレは加速して、未曾有《みぞう》の好況に立ち至ったのである。

康熙帝はデフレ不況を体現したような節倹家、悪くいえばケチだったのに対し、孫の乾隆帝は贅沢の権化《ごんげ》である。紫禁城《しきんじょう》や円明園《えんめいえん》など、宮殿を豪奢《ごうしゃ》に修築し、名画・名蹟・骨董を買い漁《あさ》った。故宮《こきゅう》博物院が所蔵し、いまもわれわれの目を楽しませてくれる宝物の多くは、元来はかれのコレクションである。湯水のように、金銭を浪費したのであって、祖父にならった江南巡幸も、何の緊張感もない豪勢な物見遊山だった。

帝が率先して範を垂れた奢侈《しゃし》一色の乾隆時代は、われわれの感覚・用語なら、バブルの風潮というべきだろうか。というのも、好況だからすべてよし、というわけでないからである。まもなく深刻な問題が、次々に起こってきた。地方財政や養廉銀の相対的な欠乏は、その最たるものの一つだといってよい。

いまの日本でも、景気が好転した実感が乏しい、と不満の声が後を絶たない。インフレで物価が上がるのに、自分の俸給がそれに応じて、思うように上がらないからである。もちろん因果関係や規模ははるかに異なるものの、同じような事態が当時の中国の官界でもおこっていた。

乾隆時代に入って、俸給にくわえ、その不足を補うための養廉銀も、一律的・画一的な支給になったから、インフレなどの経済景況の変動に対応していない。急激なインフレのなか、物価は高騰しつづけ、生活はどんどん奢侈に流れてゆく。それにもかかわらず、正規の俸給はもちろん、臨時手当の養廉銀も、一定額のまま据え置かれた。もらう側にとっては、実質的な減収である。

消えゆく改革

これでは上は総督・巡撫から下は府県の知事にいたるまで、官員は生計が立たなくなりかねない。養廉銀を支給して綱紀を粛正し、腐敗を抑制する方針は、次第に意味を失っていった。

公式正規の俸給は県知事でいえば、前述のとおり、四十五両、養廉銀は任地によって異なり、五百両から二千両の幅はあったものの、いずれも十倍から四十倍のボーナスではある。当初はそれで、生計もまかなえたかもしれない。しかしもはや、時代がちがっていた。一八世紀も半ばを過ぎれば、この程度の額では、普通に暮らすだけでも、とても足らない。執務に必須の幕友二人を雇い入れると、その謝礼と食費を出すだけで、たちまちなくなってしまうほど、インフレが進展していたからである。いよいよほかに収入を求めなくてはならなかった。

そうなると否応なく、胥吏の勢威が強まってくる。かれらはすでに事実上、「陋規」徴収を公認されていたから、それを任意に増やして醸出し、不足する地方経費や官員の給与を補うことも可能だった。胥吏の横暴を抑止すべき官員は、そうした「陋規」の醸出に頼らねば生活が苦しくなってきたし、あるいはいっそう積極的に頼って、胥吏と気脈を通じることで、収入をどんどん水増しすることもできる。

こうして、雍正帝が憎んでやまなかった官・吏の結託と「陋規」「火耗」の搾取、ひいては官界の上下を通じたヤミ給与・賄賂授受の体系が、またぞろ復活し、確乎《かっこ》不抜《ふばつ》の根柢を築くに至った。

ごく簡単な数字で確認しておけば、一九世紀末の政府財政の規模は一億両弱である。それに対し、民間社会の実質負担は、二億両という推計もあり、倍は下らないといわれた。正規の財政にあらわれない収支が、それ以上のスケールに膨れ上がったのである。

そもそも雍正帝が改革のメスを入れることができたのは、官界・官僚の範囲にとどまっていた。官員よりはるかに数の多い胥吏・衙役らの感覚・意識・慣行を変えられたはずはない。二元社会のありように根柢からの変化はなかった、というべきだろうか。雍正帝でさえ、そこに手は及ばなかった。そして一八世紀の後半以降、その矯正・改革を企図した事実は、ほとんど見ることができない。

V 根源——中国革命とは何だったか

1 一九世紀の内憂外患

「盛世」

一八世紀後半の中国は、乾隆の「盛世」と呼ばれる。君臨した乾隆帝は、その泰平・繁栄を享受、満喫し、自身が率先して絢爛《けんらん》たる文化を彩った。健康に恵まれ、在位六十年、嗣子《しし》に譲位した後も、なお五年間、至尊の地位を占めつづけ、八十九年の天寿を全うする。幸せな生涯だった。

しかし最高権力者の幸せが、とりもなおさず被治者の幸福を意味するとはかぎらない。むしろ逆であることのほうが、多いであろう。

もちろん乾隆帝は主観としては、自分の幸福を下々にも分け与えようとした。個人的な善意でもあろうし、清朝伝来の祖法は、善政でもある。乾隆帝もそれを確かに実行した。また大々的に喧伝《けんでん》もしている。

その多くは、課税の減免であった。在位中にその命令をくりかえして、土地税の全額免除が都合四度、北京《ペキン》への物資輸送の免除は、二回にのぼっている。それだけ収入が減っても、政府はほとんど痛痒《つうよう》を感じなかった、財政に余裕があったという意味であろうし、収支は数字上、まちがいなく黒字ではあった。

なるほど税金は重いより、軽いほうがよいだろう。しかしそれがほんとうに、建前どおりの「善政」だったのかどうかは、自ずから別の問題である。

そもそも政府に税金を支払うのは、課税対象になる土地や財産を有する富裕層である。小作人や従業員など、貧民を搾取誅求することで、その富を得ていた。自身の納税負担が減ったから、その分、貧民への搾取も手控える、というのは、かなり奇特な善人でなくてはありえない。けっきょく喜ぶのは、一握りの富裕な納税者ばかりであった。

しかも、そうした免税・減税の命令は、ほんとうに徴税の現場で実施に至ったのか。そこは大いに疑う余地があろう。衙門の胥吏たちは「陋規」「火耗」など、附加税をとることで暮らしている。通例の税金が免ぜられれば、それに附随する附加税もとれなくなる道理であって、そんなことをみすみす見のがす胥吏たちではあるまい。勅命のサボタージュはもとより、さらにさまざまな名目をつけて、庶民から搾取をやめようとしなかったことも、容易に想像されるのである。

かたや政権・当局にとっては、命令の実効性いかんにかかわらず、減税・免税で財政収入が減ることはまちがいない。減収である以上、財政支出が増やせるわけはなかったから、従前の官僚制のスケール、およびその突出した特徴であるチープ・ガバメントも、旧態依然のままだった。

人口爆発

それでも前代の行政機能が、現状維持の水準を保っていたのなら、まだしもである。ところが、そうはいかない。行政は相手のあるものであって、治めるべき社会のほうが、急激に変容しつつあったからである。

前章で述べたとおり、世はインフレ好況に転じた。ひとまずは人々にとって、暮らしやすい世の中に変わったのである。その意味でも「盛世」ではあった。

ただ中国史上の暮らしやすさとは、現代日本人が思い描きがちな、個々人の生活水準向上を必ずしも意味しない。むしろ逆だった。平均すればおそらく、みなが貧しくなったのである。現代はともかく、昔は久しくそうであった。

当時の中国で暮らしやすいといえば、大多数の人にとっては、死活に関わることなのであって、従前なら生存をあきらめざるを得なかった境遇から、生計を立てていける暮らし

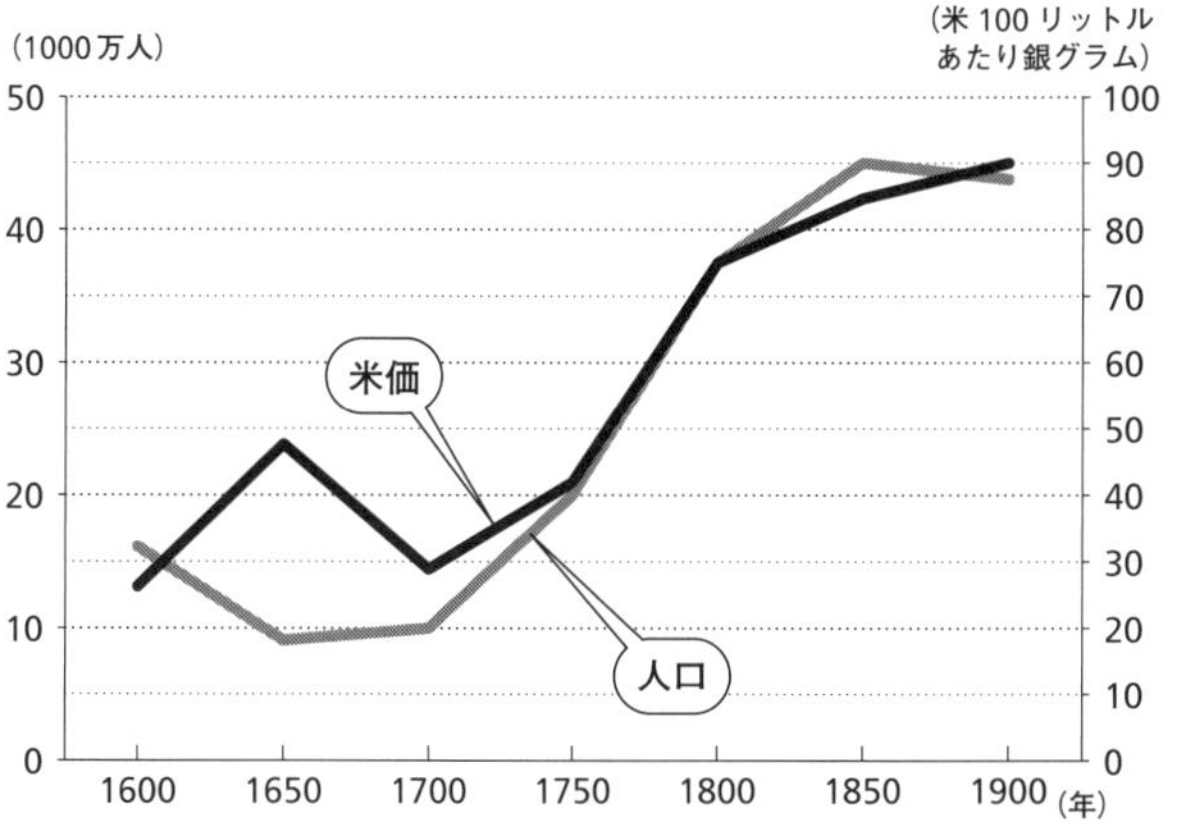

図表19　人口と物価の変動(17〜19世紀)

に転じた、という意味である。なぜそうした意味・事象になるのか、中国史の経済メカニズムには、まだ不明な点が多い。ともあれ、これまで生きていけなかった人も、生存が可能になった。つまりは、人口が増加をしはじめたのである。

一八世紀後半「盛世」の時期、中国では上の図のように、物価が上昇してゆくのに歩調を合わせ、人口も増えていった。その動きは一貫して継続し、一世紀の間におよそ四倍という爆発的な増加となる。

こうした変化がさらに、社会・政治の問題を深刻化させていった。人口の急増に応じて、人々の生活・生業もかわってきたからである。

流動化に遭遇して

開発のすすんだ生産力の高い土地は、すでにたくさんの人が住んでいて、飽和状態だった。増えた人口をも、そこで養い続けるのは難しい。あぶれた人々は、未開地の山林を開墾して移り住み、焼畑などを行って生きてゆくほかなかった。

傾斜地に略奪農法を施すのでは、収穫はどうしても不安定になってしまうし、自然環境を破壊し、災害の危険も高まる。

また移住先にまったく住民がいなかったわけでもない。先住民や既成社会との間に軋轢が生じる。

かくて、民間レベルでの紛争も少なからず起こり、治安も自ずから悪化した。人々の流動性の高まりによって、行政統治は前代よりも難しくなっている。しかし政権当局はそんな情勢に向き合って、真摯に対処しただろうか。

巨大化多様化した民間社会は、相対的にも絶対的にも縮小した統治権力の許容量《キャパシティ》をはるかに越えていた。単に数字だけを引き比べてみても、想像に余りある。

県という官僚制の末端組織は、紀元前後の漢代で一千三百あった。この数は中国史上、ほぼ一貫して変わっていない。しかしそれまでの中国なら、人口に増減はあっても、およそ一億のサイズで推移していた。平均して一県に十万を越えない人口が、どうやら歴代通じた県統治のキャパシティだったわけである。

ところがこの一八世紀後半、中国の人口は四倍から五倍の規模になった。県の数も単純計算すれば、六千から七千くらいにならないと、それに応じられないはずである。

しかしチープ・ガバメントの体質だから、行政のシステムやスケールの拡充は難しい。一千三百という数に、ほとんど変化はなかった。もちろんそれに対応して、官員の数も増えていない。ほぼ前代と同じく、三万弱で推移した。これだけでも、相対的な官僚機構の矮小化《わいしょう》・権力統治の無力化がわかるだろう。

内憂外患と明末清初

こうした事態は、内乱・戦争をあいついでもたらした。乾隆の「盛世」に続く一九世紀・二〇世紀の中国は、内憂外患の世紀だったのである。

一八世紀末に起こった白蓮教《びゃくれんきょう》の乱にはじまり、アヘン戦争・太平天国《たいへいてんごく》の乱でピークをむかえ、以後も治安の完全回復には至らなかった。二〇世紀に入っても義和団《ぎわだん》事変、革命のくりかえしと軍閥混戦、果ては日中戦争にまでいきあたる。戦後も決して平坦な道ではなかった。

そうした情勢の起源は、直接にはこの一八世紀後半の変動にさかのぼる、といっても過言ではない。民間社会で悪化の一途をたどった治安を、政府権力が維持できなくなったからである。

もっとも、もう少し長くタイムスパンをとれば、ちがう見方も不可能ではない。そうした変動といえば、実は一七世紀の明朝滅亡で、つとに露顕していたことだった。

一六世紀の大航海時代は、世界的な商業ブームの時代である。その過熱で多かれ少なかれ混乱が生じ、在来秩序の再編・再建を迫られたのは、世界各地、通有の現象だった。日本では戦国時代から江戸幕府の成立がそれにあたるし、ヨーロッパもスペイン・ポルトガルの世界帝国が衰退して、混乱争覇の時代になる。中国の明清交代も、同じ時期にあたっていた。

中国でも心ある知識人は、当時リアルタイムでそうした局面を敏感に察知している。それればかりか、明朝の滅亡は単なる王朝・政権の交代という生やさしい事態ではなく、体制ないし文明そのものの危機だと訴えていた。もちろん統治体制も、その例にもれない。従前のままでは、もはやたちゆかないことを痛感していた。

たとえば黄宗羲《こうそうぎ》という大学者は、中国伝統の君主制・皇帝制そのものの見直しまで訴えている。かれはそのため、後に「中国のルソー」とさえ呼ばれた。

いっそう具体的に、民間社会を治めきれない官僚制の硬直化・矮小化を指摘したのは、同じく大学者の顧炎武《こえんぶ》である。かれは実地に庶民・社会と接して政務にあたる「小官」が少なく、民治を果たせていない事態に対し、官吏の不正・非違を糾《ただ》す「大官」の監視・監察ばかりが増えている現状を批判、「害を未然に防ぐのではなく、起こってから対処するだけ」、「盛世には小官が多く、衰世は大官が多い」と喝破した。

すでに第Ⅲ章第1節の図表や説明でもみたように、確かに「大官」は幾重にも重なっている。時の経過とともに、監視をくりかえし強めた結果であった。下僚の非違がやまず、上官の上に上官を重ねていった事実経過を物語る。

したがって顧炎武的な基準でいえば、民が官のキャパシティを超過しているのは、清朝以前からそうだった。また「盛世」を謳歌したはずの乾隆時代は、「小官」が少なく「大官」が多かったから、むしろ「衰世」とみなさなくてはならない。

明朝に代わった清朝の統治は、対症療法という意味では、みごとな腕前をみせた。すでに疲労の極に達していた制度・システムを、献身的な努力でどうにか再び機能できるように立て直したのである。雍正帝の改革は、そのピークだった。父の康熙帝・子の乾隆帝も、軍事面・文化面で、それなりの役割は果たしている。けれどもその効用は、半世紀くらいしか続かなかった。

元の木阿弥《もくあみ》という観が拭えない。いな、事態はいよいよ悪化した。前代からの制度疲労が、一八世紀後半の人口の増大・社会の肥大化・官僚制の矮小化・統治の無力化と重なり、あらためて破綻に瀕していたためである。内憂外患に明け暮れる中国近代史の根源は、こうしたところにあったのである。

2 腐敗の洗練

郷紳とローカル・コミュニティ

それでは一九世紀以降、社会の構造・統治のしくみ、あるいは内憂外患が絶えなかった内情は、いったいどのようなものだったのか。そうした騒乱の発生にさいしては、皆どのように対処していたのか。

そもそも顧炎武がいったように、「小官」が少なくて、実地の民治がゆきとどかないのだとすれば、その代替をする機能を果たす存在が欠かせない。もちろん官僚という地位・資格は、必ずしも有していない形態になる。

すでにふれた幕友は、たとえばその一種であった。かれらは県知事ら官員側近の顧問だったから、衙門の側のスタッフにちがいない。けれども、あくまで私的に雇用された私人であって、民間人だった。その意味では、胥吏・衙役と同じ立場にある。

しかしそうした幕友は、「郷紳《きょうしん》」と呼ばれる人々が任じたケースが多い。かれらは科挙の試験に合格しながらも、種々の理由で任官せずに郷里で暮らす、いわば地元の名士といった存在である。任官をしていないだけで、科挙合格の資格・学位という点では、官員と同じ地位・立場にあった。それでも、官員ではない立場なら、庶民と同じである。いわば官・民の中間的な位置にいた。

郷紳は確かに県知事をはじめ、官員たちに招かれ雇われて、その顧問にそなわったことも少なくない。けれども衙門にも入らず、郷里にとどまって官・民の橋渡しの役割を演じる場合がいっそう多かった。つまりは幕友もふくめた郷紳という階層が、官僚制の担えな

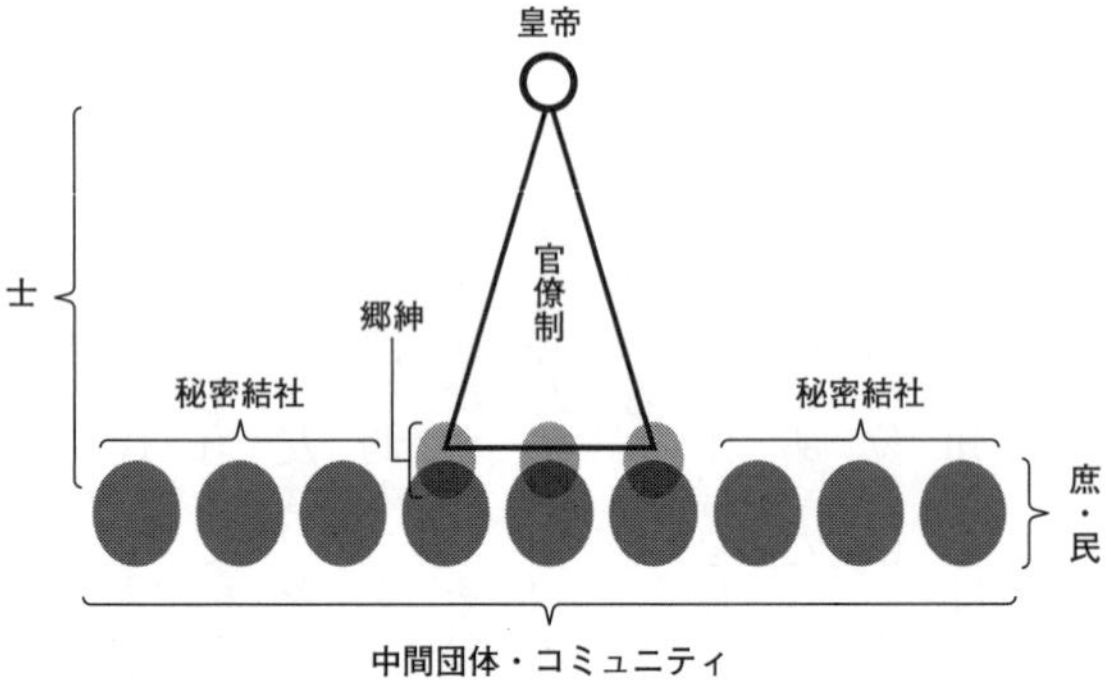

図表20　社会構成①

くなったローカルな民治の、いわば移譲先だったのである。

　こうした郷紳の存在自体が、官員・官僚制の無力化と民間の比重増大を物語る。その多くは、地元で縁者が構成するコミュニティを束ねていた。そのコミュニティはたとえば、治安を保つ警察や裁判・道路の整備や交通の整理・子弟の教育・消防・衛生・慈善などの事業を運営する。コミュニティのありようは地縁・血縁、同郷・同業、千差万別だった。

　いまコミュニティと、あえてカタカナ語で称するのは、一定の適切な呼称がないからである。血縁なら祖宗を同じくする「宗族」と呼び、同業なら「行会《ギルド》」といった。また単に仲間・組の意味の「幇《ぱん》」という呼びかたもある。日本語では「郷団」

といったり、「共同体」といってみたりするものの、どうもしっくりこない。筆者も「中間団体」と称したことがあるが、やはり同断である。

呼称はともかく、そのいずれをとっても、重なり合うことが少なくない。同じ出身地、地縁で結ばれた人々は、血縁も近く、職業も同じ、といった感じである。たとえば上海に移住した寧波《ニンポー》人は、おおむね金融業者として結束していた。だからコミュニティの担う事業も、機能的に多くが共通していたのである。

われわれの目でみれば、そうした行政サービスは、普通に政府・官僚機構が果たすべき役割のはずである。ところが、当時の中国では逆に、そうした機能がほとんど官僚制にそなわっていなかった。むしろコミュニティが担った任務であり、いわば政府を肩代わりしていた。その主導者が郷紳だったのである。

孫文の観察

清朝時代、各省ごとに、上には総督・巡撫、中間には知府・道台、下には知州・知県、それにその補佐官がいた。そのため、人民と皇帝との関係はごく小さく、人民が皇帝にたいしてもつただ一つの関係は、租税をおさめることであり、租税をおさめること以外、人民は政府となんの関係もなかった。政府も、人民が租税をおさめさえすれば、他のことにはかまわず、生きるも死ぬも人民の勝手にまかせていた。

こう述べたのは、中国革命を牽引してきた孫文である。晩年の発言だった。清朝が滅び、中国が共和制になって十年以上たった一九二四年、「三民主義」講演の一節にあたる。ここまで論じてきたことを裏づける証言として引いてみた。かれは四半世紀前にも「人民みずから治むる」と同じ趣旨を語っているから、観察したその対象のありようが、一九世紀末から変わっていなかったといってよい。

このように、官員たちが「人民」に果たした主な役割は、徴税である。しかもとりたてた税収は、行政サービスには使われず、おおむね官員たち自身の収入にしかならなかった。だから中国の官僚は、とりもなおさず自分と同僚、上司・部下の生存だけを目的として存在しているにすぎない。

一般の庶民たちは、衙門にいる官員とまったく地位・生活の水準がかけ離れている。そしてかれらからは、正規の徴税や刑罰であれ、不正な苛斂誅求であれ、いずれにしても苦

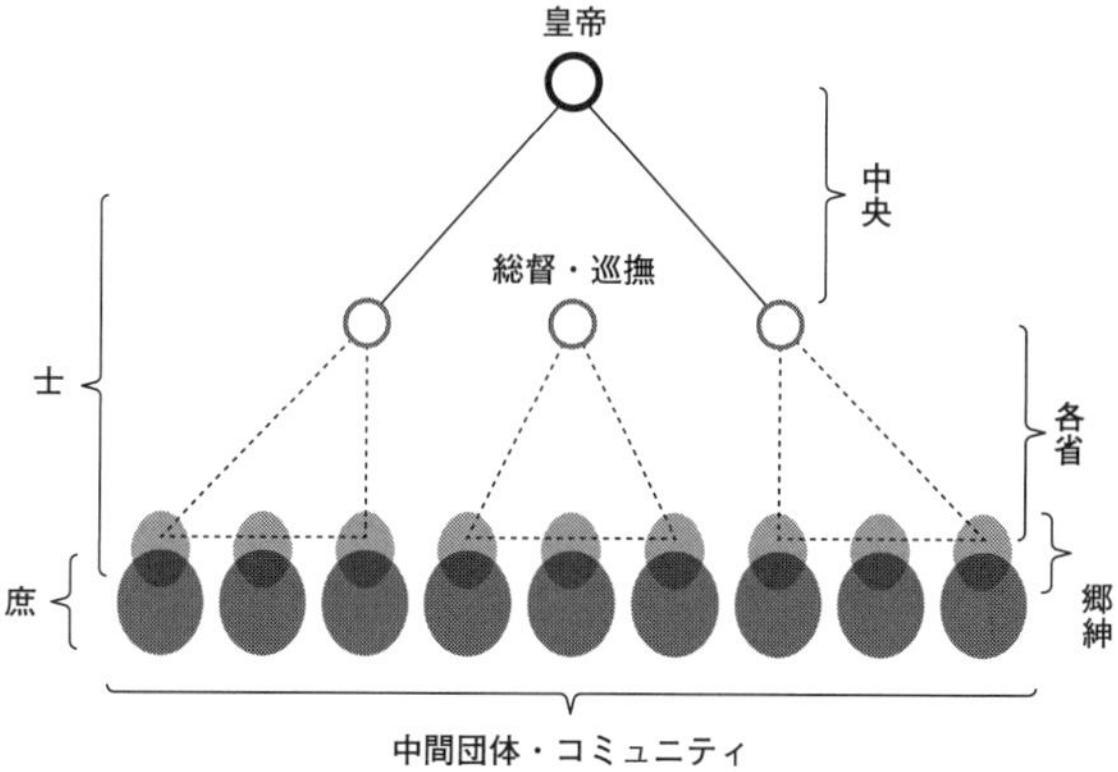

図表21　図表20社会構成①の「官僚制」に各省、総督・巡撫を組み込んだもの。点線の三角形の内部は、図表11（104頁）が入ると見ればよい

痛を受けがちであった。そんな場所でしかない衙門へ行くことなくすめば、これにまさる幸いはない。

庶民にとってはそうした点、所属するコミュニティのリーダーである郷紳は、ありがたい存在であった。しばしば自分たちの肩代わりをしてくれたからである。また、郷紳でなくとも、種々官民を仲介する業者もいた。そうした人々に頼れば、自ら衙門へ出向く必要はないし、不平があって抵抗するにしても、衙門の官・吏に対するよりは、近しい存在であるだけに、まだやりやすい。庶民は自分の身を当局から隠し、権力から遠ざけておくほうが、財産的にも身体的にも、安全であった。

衙門のほうも税をとりたてるのに、いちいち負担者を指定、把握、点検していては、煩瑣《はんさ》に過ぎて厖大なコストがかかる。それでなくとも、民間社会は流動化していたから、そんなやり方は、技術的にも難しい。とる側にすれば、自らの生存を果たそうというのに、余分なコストをかけるわけにはいかない。少数大口の納税者から陋規・附加税もふくめ、確実にとりたてたほうが、よほど効率的である。

変形する腐敗

こうして、ほんとうに税を支払う「人民」と税をうけとる「政府」とは、それぞれの利害に鑑《かんが》み、間に仲介者をたて、たがいにその請負を通じてしか接点をもちえない、いよいよ隔たった存在と化した。「人民」と「政府」の「関係」は、どんどん希薄になっていったのである。

これでおおむね、百年間以上の経過がわかる。乾隆帝の崩じた一八世紀末から、事態は何もかわっていない、いな、不正を不正とみる機会・感覚が乏しくなった分、むしろますます悪化していた。

地方末端では、庶民から賄賂・附加税を搾取する胥吏・衙役から、県知事に財物が流れ、その県知事を起点に分配され、地方・中央の官僚すべてにゆきわたる。こうした構造に揺るぎはなかった。頂点に位置した清朝皇帝も、もちろんその例外ではない。

それでも上司・官員が下僚・庶民にひたすら強要、搾取するばかりでは、体裁も悪いばかりか、罪に問われる恐れもある。方法としては、何としても拙《つたな》い。

仲介や請負が普及し、官吏と民間の直接のコンタクトが次第に希薄になってくると、もっと洗練された方法が定着した。すなわち心付、礼物、プレゼントである。日常の食糧・衣服・調度品でも、そうした進呈・献呈を名目として、代価を支払わないことがしばしばだった。

しかし何といっても、祝賀の贈呈がおめでたい。お祝いなら咎《とが》めにくいことでもあるので、最も流行した。なかんづく誕生日のプレゼントが絶好の機会になっている。これなら今のわれわれも、想像はたやすい。

そこでまた、孫文に解説してもらおう。革命家としてはまだ無名だった一九世紀の末、かれは自らの見聞によってであろう、恰好の実例をあげてくれた。イギリスで出した英文著書の中にみえるので、かいつまんで紹介しよう。

李瀚章の誕生日

そのころ、無名の孫文とは対蹠的に、世界で最も著名な中国人といえば、おそらく李鴻《りこう》章《しょう》。日本とも縁が深い。日清戦争を戦い、一八九五年、下関で講和条約を交渉、締結した人物である。かれはその翌年に世界一周旅行をして、各地で大歓迎を受けた。当時の新聞報道でも大々的に出ているので、いよいよダントツの有名人だった。

その兄に李瀚章《りかんしょう》という大官がいる。弟ほどの才幹・地位・名声はなくとも、かれも当時は、孫文の故郷の広東《カントン》省全域を治める総督をつとめていた。

その管轄範囲は隣接する広西《カンシー》省も含んだから、土地の広さも人口の多さも、イギリス一国に勝るとも劣らない。孫文の記すところによれば、そんな地域を治めるこの総督の法定年俸は、当時の英貨で六十ポンドだった。当時のイギリスでは、船員・水兵クラスの給与額らしい。

これはおそらく、本俸だけを記したものだろう。別に養廉銀一万五千両の支給がなくてはおかしい。孫文が知らなかったのか、プロパガンダ的に誇張したものなのか。そこはかりしれない。けれども、養廉銀があろうとなかろうと、おびただしい家族・使用人をかかえる総督が、それだけでは生活できないのは、確かだった。

図表22　1896年3月27日、上海にて。李鴻章と李瀚章（前列中央右が李瀚章）
（出典）『李鴻章旧影——遺失在西方的晩清史』張社生、北京日報出版社、2018年、281頁

そこで李瀚章がとった手段は、誕生日のプレゼントを組織的にかき集めることだった。こういう場合、下僚たちが率先して、富民から寄付を募る。寄付といっても、ほとんど脅迫・恐喝まがいの手段であって、これで百万両を獲たという。孫文はこの額をおよそ二十万ポンドと換算しているから、ざっと法定年俸の三千倍以上の額になる。

当時のイギリス官僚の相場でいうと、インド総督は一九一〇年の数字で、年収が手取り一万六千ポンドくらいだといわれる。また式典でいえば、そのインド総督カーゾンが一九〇三年、国王に代わって挙行した、インド皇帝戴冠式・大謁見式の費用が、十四万ポンドだった。李瀚章総督の誕生祝いのほうが、インド皇帝戴冠式よりも高価だったというわけで、いかにとほうもない額だったか、わかるだろう。

社会通念

もっともそれは、別に李瀚章だけのことではない。毎年の誕生日を筆頭に、官員の祝事には盛大な祝賀会を開き、莫大な礼物を贈るのは、孫文も官界の通例というように、規模の大小はともあれ、当時の中国では、ほとんど習慣になっていた。

その手配にあたる部下や胥吏も、引き受けた自身の面子《メンツ》があるので、かなりの無理をして、礼物を調える。富民の寄付を強要するのはもちろん、自身が借金をすることさえあった。しかしそれでも、自身の利益・役得にもなりうる恰好の機会でもある。儀礼や式典もこのように、いわば庶民から財物を吸い上げるシステムを構成していた。

かくて「三年清知府、十万雪花銀」という慣用句もできあがる。府知事・県知事のような地方最末端の官僚でも、三年の任期を「清廉」につとめあげるだけで、子々孫々、遊んで食えるほどの財産ができるといわれた。不正腐敗にいそしめば、いよいよ富を殖やすことも可能だろう。

したがって中国にて官員になるということは、その意味でいえば、いわば最も実入りのよい職業選択だった。俗に「做官発財《さくかんはつざい》」という。ひと財産きずくため官僚となる、の意である。

しかも官員になるには、科挙を受けて合格しなくてはならないから、誰でもできるわけではない。それはたとえば、一族の代表者という側面があった。

比較的貧しい同族でも、誰か出来のよい子弟がいれば、金を出し合って家庭教師をつけ、古典詩文の教養をたたきこみ、科挙の試験を受けさせる。首尾よく官人になれたら、その実入りに一族そろってぶら下がろうというわけであって、いわば投資と配当みたいなものだった。

ここでいう一族や同族とは、先にふれた中国の「宗族」である。祖宗を同じくする大家族であり、しばしばそれだけで地域のコミュニティを形づくる規模を有していた。そのため同族といっても、地域社会全体を意味することがある。

だとすれば、経典の教育も科挙の受験も、決して儒教の聖賢の道を実現する目的ではない。地域・一族の中から官僚を出して、その財産を守り殖やすという、むしろ経済的な事業だったのである。科挙に合格し、官人になったほうも、当然に地域・一族みなを養ってゆく社会的義務を負うものとされた。

3　革命のターゲット

革命とは何か

孫文は若くして西洋的な教育を受けた革命家であり、西洋的なセンスと旧体制の王朝政治への敵視にあふれた人物だった。なればこそ、こうした旧体制のありようを察知し、自らの課題とすることができたのだろう。

しかも孫文は上に引いたような、「人民」と「政府」の希薄な「関係」や誕生日のプレゼントを、過ぎ去った昔話として述べているのではない。なお克服しなくてはならない現状喫緊の課題とみなしているのである。

その孫文は一九二五年三月、「革命いまだ成功せず」といい残して、その生涯を終えた。現代中国の政権は、その遺志を受け継いだことを正統のあかしとしている。まったく政体の異なる大陸も台湾も、そこだけはかわらない。

それならその「革命」は、遺志どおり成就したのだろうか。そもそもかれがめざした中国革命とは、いったい何だったのか。それを問いなおすのは、いまも革命を是認する中国の認識そのものに迫ることにもつながるだろう。

われわれが口にする中国革命とは、中国を西洋流の国民国家にしたてあげて、「亡国」を救おうとする事業である。それが出てきたプロセスは、しかしそんなに古いことではない。二〇世紀になって、ようやく普通・主流になった言動である。それまでは、そもそも革命という概念もなかった。

もちろん「革命」という漢語、ことばは古くからある。しかしそれは、もともと王朝交代を指していた。「革命（命を革《あらた》める）」とは、王朝に政権を付与する天命が変わる、という意味であって、違う王朝政権が成立することが、「革命」にほかならない。王朝・政権は交代しても、政体・制度・体制は大きく変わらない。それが歴史的な中国のありようだった。あらためて一七世紀の顧炎武に発言してもらうと、

天下が亡ぶのは、王朝が亡ぶのとわけがちがう。王朝の興亡には、その君臣しか関わりがない。けれども天下の興亡には、賤しい匹夫《ひっぷ》にも責任がある。

という名言になる。逆にいえば、政治・政局にすぎない王朝・政権の交代は、社会・庶民のあずかり知らないことであって、つまり旧時の「革命」とは、一般の人々にほとんど無縁の出来事なのであった。

しかし二〇世紀の中国革命が意味している内容はちがうし、現代中国語の革命《ゴオミン》も、そうである。われわれが普通に想起するレボリューションを意味するのであり、政体・社会の大変革を指すことばになった。つまり中国革命とは、フランス革命やロシア革命と同じ位置づけなのであり、このように意味が変わったのは、旧来の漢語が西洋語の翻訳に転化したからである。

当時に革命をめざした人々は、思想・手段こそ同じでなくとも、中国の国民国家化という最終的な目標では、大きくかわることはなかった。だとすれば、本書がみてきたような、また孫文が述べたような旧体制の諸制度をつくりかえることこそ、その使命でなくてはならない。

「革命」の概念と含意

しかしそこが、どうもあやしい。孫文が表明したような、旧体制に対する違和感・嫌悪感は、元来ほんとうにあったものなのだろうか。革命と言って、それを旧体制の変革・是正と位置づける観念・感覚が、孫文本人もふくめ、いかほど知識人の間に存在、定着していたのか。

とりわけ二〇世紀に入るまでの時期については、にわかに疑わしくなる。一九世紀がおわるまで、大多数の知識人エリートは、既成の漢語で思考し、表現していた。「革命」という概念も、例外ではない。それはとりもなおさず、王朝の交代だという認識にとどまっていたであろう。だとすれば、目前の王朝・政権に対する敵意や否認はあっても、旧来の王朝体制・王朝交代という統治システム自体に、どこまで違和感をもっていたか、あるいはもちえたのかは、はかりしれない。

革命を体制全体の大変革・レボリューションだとするのは、日本語を経由した西洋流の新概念である。既存の体制を克服すべき旧体制とみる視座は、こうした新しい体制・新しい革命の概念がなくては、獲得できなかった。それでも、統治システムに対する違和感がもともと乏しかったとすれば、旧体制に内在、厳存していた実際の病弊をつきとめ、みきわめることができたであろうか。

このあたりの事情と感覚は、やはりみのがせない。つまり中国革命とは、当事者にとって西洋外来の史実・概念を輸入し獲得しなくては、自覚できない観念であり、計画できない事業だった。内奥のやむにやまれぬ必要から湧き上がってきた行動でもなければ、自分の頭で生み出し、自らの手で摑み取った認識でもない。外在的、もっといえばお仕着せの、強いられた思いであり、動きだったのである。

だから革命運動も、国民国家にするという目標も、むしろ対外的な配慮が勝っている。たとえば西洋列強やライバルの日本に対抗する、ごく外向きな変革だった。一九世紀末から二〇世紀初めの中国では、次頁の図のような列強による「瓜分《ぶんかつ》」の危機感が高まっていたからである。「瓜分」のあげく、中国滅亡にいたるのが、最も怖ろしい事態であった。そのため分野も、政治・外交のほうが主体で、重要だったのである。

逆にいえば、国内社会のありようには、ごく疎い。鈍感だった。「救亡」をとなえて革命の達成をめざした人士に、どこまで改善をくわえる意欲があったか、杳として知れない。革命という概念に、内在的な社会変革という意味が希薄だったからである。その素志・目的・使命に、社会・制度の変革・是正は必ずしも含まれていなかった、といっても過言で

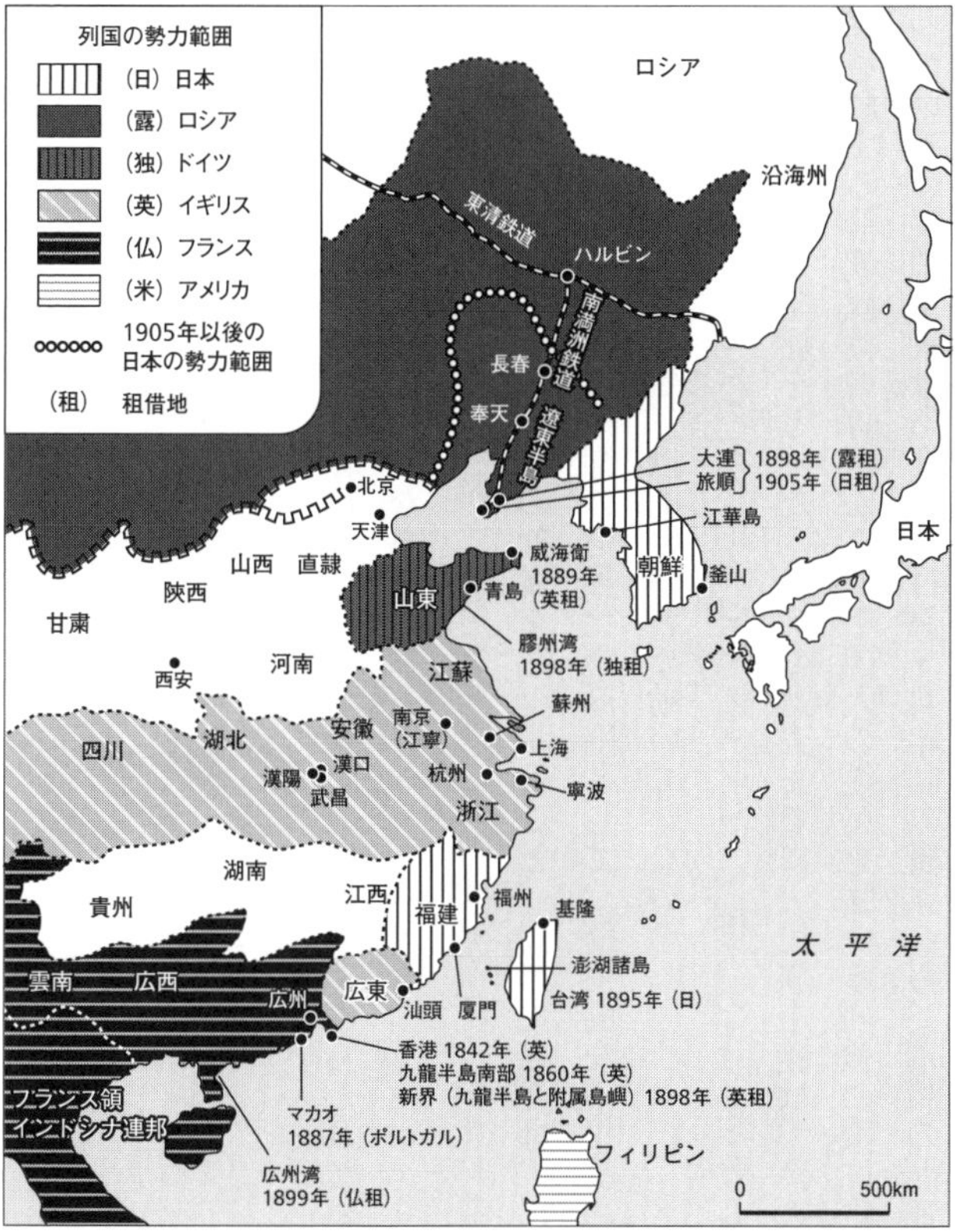

図表23 「瓜分」図(菊池秀明『ラストエンペラーと近代中国 清末 中華民国』中国の歴史 10、講談社、2005年、97頁をもとに作成)

はない。

三民主義

それでは、中国革命とは具体的に、何をめざしていたのか。ここもやはり、「中国革命の父」孫文に代表してもらおう。

孫文がとなえた革命綱領に、革命の理念と実践がよくあらわれているからである。言わずと知れた三民主義にほかならない。

「三民」とは、民族・民権・民生を指す。それぞれをごく簡単に説明するなら、民族主義とは、中国の自立・民族の独立を獲得すること、民権主義とは、民主共和制を樹立すること、民生主義とは、地権の均等化を原則として、経済的な不平等の改善をめざすことである。大枠のところは、以上の趣旨で動いていない。

もっとも、それぞれの具体的なコンテンツは、中国のめまぐるしい情勢変化に対応して、くりかえし変容発展をとげた。孫文の逝去《せいきょ》までに、民族主義は、漢人が満洲人に対する従属を脱する清朝政権の打倒から、中国人の従属を強いる列強に抵抗する反帝国主義へ変わっている。民権主義は皇帝制の打倒・共和制の樹立から、軍閥の混戦・圧政を払拭して民主制を確立することへ、第三の民生主義は、地権を均等にすることから、社会主義に近いものへ発展した。

このように孫文逝去の段階では、なお打倒、克服すべき旧体制が厳存していたのである。三民主義からみると、「三民」のいずれも満足に実現していない。かれが「革命いまだ成功せず」と遺嘱《いしょく》したゆえんである。

中国の革命思想はもとより、孫文のものばかりではない。しかしほかは、主流をしめることができなかった。おそらく多かれ少なかれ、バランスを失していたのであろう。孫文の三民主義は、確かに最も射程がひろく、したがって包容力も有していた。

異なるイデオロギーを有した中国共産党も、自らの原点の一つを孫文の三民主義に置いている。とりわけその民生主義が、共産党の奉じる西洋製の社会主義を包摂しえたからであって、いわゆる国共合作も、ここを結節点としていた。

辛亥革命と中華民国

しかし「三民」は、三つが対等ではない。明確なプライオリティというべきか、判然たる序列というべきか、とにかく圧倒的に重要だったのは、第一の民族主義である。当時の全体的な気運としても、史実の経過からしても、ほとんどそれしかなかったといって、あながち行き過ぎでもない。たとえば、清朝を倒した辛亥《しんがい》革命である。

一九一一年一〇月一〇日、武昌《ぶしょう》で革命派の暴動が起こるや、またたく間に中国各地が清朝の支配から離脱した。まもなく南京《ナンキン》で漢人の政権たる中華民国が成立し、孫文はその首班、臨時大総統となる。

翌年の二月一二日、最後の皇帝・宣統帝《せんとうてい》が退位して、清朝は姿を消した。大総統の孫文は、清帝退位の三日後、政府下僚をひきいて南京の東北郊外の紫金山へ行き、明の太祖の陵墓に参拝している。まもなくかれ自身も、死後は同じ紫金山に遺体を安置してほしい、と側近に言ったと伝えられるし、事実、逝去にあたって、そう遺言した。しかしそもそも、なぜ大昔の皇帝の墓参りをしたのであろうか。

明の太祖・朱元璋《しゅげんしょう》といえば、一四世紀後半、北京に君臨していたモンゴル人の政権を駆逐して、漢人政権を復活させた人物であった。またその子孫が帝位を世襲した明朝は、三日前まで存在した、満洲人の清朝に取って代わられた漢人王朝である。孫文はそうした陵墓に、清朝打倒と民国建国を報告したのだから、それはつまり、明朝の復仇と再現・漢人政権の奪回だったことを示す行為にほかならない。

図表24　1911年に撮影された明孝陵（明の太祖の墓）の全景（提供：毎日新聞社）

孫文本人がほんとうはどう考えていたのか。これはわからない。しかし元首として、好むと好まざるとに関わらず、このようなパフォーマンスをしなくてはならなかったことが、当時の中華民国という「国家」の実態をあらわしている。

けっきょく為政者の共通認識としては、民族主義とは種族的復仇の意味でしかなかったし、辛亥革命という二〇世紀の「革命」は、なお王朝交代でしかなかった。だから孫文の後を継いで大総統に就任した袁世凱《えんせいがい》も、まもなく皇帝になろうとしたのである。

その袁世凱が急死し、かろうじて帝制・王朝の復活は阻まれた。民権主義の維持は、それでできたかもしれない。しかし孫文が逝去した時でさえ、軍閥混戦で政情は長く安定せず、共和制とは名ばかりだったし、民生主義による社会変革も、見通しすら立っていなかった。四年後の一九二九年、孫文の遺骸が遺言どおり、明の太祖の隣に葬られたのは、その革命事業がついに虚しかった結末をあらわしているように見えてならない。

「匹夫も責あり」

辛亥革命・中華民国はこのように、まだまだほんとうの革命《レボリューション》・変革をもたらすにはいたらなかったのである。そこに少なからぬ影響を及ぼしていたのは、やはり当事者の既成概念だった。

たとえば、先に引いた顧炎武の名言である。いわく「天下の興亡は匹夫も責あり」。名言であるだけに、二〇世紀初頭の革命運動は、こぞってそれを愛誦《あいしょう》した。

その原義はすでに述べたとおり、制度・体制の全面的な転変には、社会の全構成員が関わる、というにある。しかし革命家の愛誦は、どうも同じではない。そのいわゆる「天下」とは、「国家」とほぼ同義だった。つまり二〇世紀の革命家たちは、顧炎武を引いて「国家の興亡は匹夫も責あり」といいたかったのである。

日本人にこの愛誦はわかりやすい。豊臣秀吉や徳川家康の「天下」取り・天下統一といえば、「天下」＝日本だからである。日本人にとって天下とは、日本列島の政権・国家にほかならない。けれども史上の中国は、まったくちがう。

顧炎武はすでに述べたとおり、「小官が少ない」といって、権力と民間、政府と社会との乖離を指摘した。「天下の興亡は匹夫も責あり」も、実はまったく同一の文脈である。同じ人物が述べている以上、当然といえばあまりに当然ではあろう。

かれは体制・文明全体の興亡には、一般庶民が関わらねばならぬと慨歎《がいたん》した。しかもそれと同時に、「王朝の興亡は君臣しか関わりがない」ともいって、王朝政権の交代に庶民は無関係だと断じている。王朝政権と一般庶民はほとんど関係がないのが中国、少なくとも明清時代以来の歴史であり、そこに由来する分析・所説だった。

しかしそのままでは、政権・国家と庶民・国民とが一体の、西洋近代流の国民国家はできない。そこでこの「天下」を国家と同義にみるのが、二〇世紀中国のしきたりとなった。だから「天下の興亡は匹夫も責あり」ととなえた革命家たちは、同じ顧炎武の「王朝の興亡は……」というくだりのほうは、あまり口にしない。むしろ、できなかった、というべきだろう。

このあたり、原語も合わせて考えてみなくてはならない。「王朝」にあたる原語は「国」であり、「王朝の興亡」と訳したフレーズのオリジナルの漢語は、「亡国」である。顧炎武はこれを「亡天下」と対比、対置しているのであって、そのころ「国」といえば、単に王朝政権を意味するにすぎなかった。

ところが二〇世紀に入ると、近代的なnationやstateの概念が、中国にも定着しはじめ、日本人がそれを訳した「国」「国民」「国家」という和製漢語が、そのまま中国語になっている。その滅亡たる「亡国」を救うことが、中国革命第一の目的だった。

だから字面は同じであっても、顧炎武のいう「亡国（王朝滅亡）」とは、まったく異なっていたはずである。しかしもともとの「国家」という漢語の語感・含意も、容易には払拭されない。nation＝国民国家のつもりでありながら、現実の意識・思慮・行動は往々にして、単なる政権・政府にしかおよばず、社会・民間にはゆきとどかなかったのである。

来たるべき革命のスローガンだから、なお実現をめざす目標・当為でかまわない。しかし「亡国亡天下」と述べた顧炎武の慧眼《けいがん》は、庶民が王朝・政府・政治・官僚制に疎遠で、隔絶さえしていた当時の社会構造をみすえていた。それに対し、その名言を援用して「天下国家」を論じた革命家たちは、変革の対象となすべきその構造をみとおしていたとは思えない。既成概念・翻訳概念の限界・桎梏《しっこく》だといえよう。中国革命が革命《レボリューション》を名乗るのなら、本来そこを克服しなくてはならない。

4 国民党と共産党

国共合作から国民革命へ

一九二〇年代に入ると、それまでとは打って変わって、中国革命の動きは俄然《がぜん》、進展をみせる。第一次世界大戦の終結と反帝国主義意識の高揚、それに乗じた「運動」の頻発であり、一九一九年の五四運動からはじまり、一九二五年に五・三〇運動がおこると、最高潮に達した。とりわけ政治的に中心となったのが、孫文が広州《こうしゅう》を拠点として、一九一九年に結成した中国国民党である。

かれはまもなく、ロシア革命で新たに成立したソビエト連邦の支援をえて、その率いる国民党を改組した。その根幹が中国共産党との提携、いわゆる国共合作である。

中国共産党はいうまでもなく、ロシア革命と同様の社会主義革命をめざす集団であり、一九二一年に上海で発足した。本書の冒頭でも述べたとおり、元来はソビエト・ロシアの国際共産主義組織・コミンテルンの中国支部である。

孫文がソ連・共産党と提携したのは、反帝国主義という目的を同じくしていたからである。それは三民主義の筆頭・民族主義にひとしく、当時の革命家の誰もが何より重視したものだった。

国共合作は一九二四年のことである。孫文じしんはその翌年、逝去したものの、中国国民党は折しも高まった反帝国主義運動に乗じて、広州に国民政府を設立し、翌一九二六年、ついに国民革命軍を北伐に派遣した。

いわゆる「国民革命」のはじまりであり、その最大の標的は、日本帝国主義である。その地盤は一九〇五年の日露戦勝以来、勢力を扶植《ふしょく》した「満洲」であり、中国人の軍閥も割拠していたところだった。そのため日本は、中国の「国民革命」に反撥し、その民族主義に真っ向から敵対したのである。

しかし中国に有する権益で、日本に勝るとも劣らぬ英米は、日本と異なって、「国民革命」との妥協を選択した。全面的な対立がかえって、ソ連の勢力とそれと提携した民族主義による損害の拡大をもたらすことを恐れたからである。むしろ中国国民党に接近することで、被害を最小限に食い止めようとした。

国民党・国民革命軍はこうした国際情勢に乗じ、また国内の支持も得て、どの軍閥よりも強大となる。破竹の勢いで、北伐を進めた。

反共クーデタ

国民革命の第一の目標は、反帝国主義・民族主義である。もっともそれと同時に、国共合作によって、社会主義・階級闘争と三民主義の一つ・民生主義とが結びついていたことも見のがせない。民族主義をめざした国民革命は、たしかに社会変革をも射程に入れていたのである。

そしてその故にこそ、国民革命・国民党は中国内の支持を獲得できた。北伐が予想を上回るスピードですすんだのは、その進路にあたる地域の農民運動・労働運動が、共産党員の工作で活潑になっており、国民革命軍を歓呼して迎えたからである。したがってその過程で、最も勢力を伸ばしたのは、国民党の中に入り、国民革命に協力していた共産党だった。

国民党の有力者は、さすがに震え上がった。党と事業が内部から食い荒らされ、乗っ取られるのを恐れたのである。当時のコミンテルンの方針からみても、それはおそらく杞憂《きゆう》ではなかった。

国民革命軍を率いた軍人・蔣介石《しょうかいせき》は、そうした人物の一人である。かれは元来、共産党に反対ではなかった。ところが北上し、中国の経済・文化の中心たる江南に出てくるまでに、立場を改めている。

その地に権益を有し、関係の深い列強とも直接に対峙《たいじ》せざるをえない一方で、国民党内では共産党系の勢力がどんどん強くなっていた。このままでは、列強と決定的に対立し、破局を迎えかねない。そうなっては自らの功業はもとより、国民党の存在そのものも、危うくする恐れがある。

蔣介石はかくて、断を下した。ソ連と袂《たもと》を分かつ決意をしたのである。一九二七年四月一二日、反共クーデタを敢行、中国共産党を弾圧し、ソ連の顧問団を解任追放して、自らが首班となる南京国民政府を建てた。英・米との正面衝突を回避し、対外的な軋轢を減じることによって、安定を得たのである。

蔣介石の挫折

しかしこの「国民革命」、あるいはひろく中国革命本来の課題は、中国を地域的・空間的のみならず、社会的にも統合して、一体均質の国民国家とするにあったはずである。だとすれば、蔣介石の南京国民政府は、結局それを達しえなかった。

第二次世界大戦の直後からはじまった国共内戦で、蔣介石は中国共産党に敗れて、一九四九年、台湾にのがれた。以後ずっと大陸反攻を念じながら果たせず、一九七五年に逝去する。

図表25　蔣介石（提供：朝日新聞社）

かれ本人に意思・意欲がなかったわけではない。かれは「三民主義」を受け継ぎ、孫文の後継者たる地位を明確にし、列強の進出と軍閥の混戦で四分五裂した中国の統合をめざす政策を、矢継ぎ早に立案した。

そして行動を怠ったわけでもない。一九三〇年代、対外的な摩擦をなるべく避けつつ、関税自主権の回復や幣制改革、あるいは公民教育など、数ある重要な施策を精力的に実行していった。

いずれも中国国家の統一と自立を目的とするもので、蔣介石の立場はおそらく、その一点で揺るぎない。袂を分かった中国共産党を不倶戴天《ふぐたいてん》の敵として、その掃討作戦に力を注いだのも、中国の統一・一体化という全体的な政治方針の一環であった。

蔣介石はどうも、生マジメな人物である。酒もタバコもやらなかった。嗜好や娯楽を遠ざけて、政務・軍務に精励したのだろう。けれども最終的には、挫折する結果におわった。それはやはり、かれ個人の資質や能力ばかりが理由ではあるまい。

蔣介石は反共クーデタにふみきるにあたって、国際的な孤立を避け、権力的な基盤を固めるために、英米と結ばねばならなかった。そこにはかれなりの、やむにやまれぬ事情はあったにちがいない。

しかし元来、党内でも左派と目されていた人物であった。その変わり身はあまりに早すぎ、軽すぎるように映って、不信の念を惹起《じゃっき》したのも、いたしかたない次第である。

「浙江財閥」

蔣介石は左派だといっても、もちろん社会主義者ではなかった。三民主義・民生主義が社会主義・共産主義に転化しそうになった趨勢を阻止したわけである。ただしそこには、副作用がまぬかれなかった。

政治姿勢に対する疑念ばかりではない。それに勝るとも劣らず重要だったのは、社会経済的な局面である。

つまり国民政府は、英米と通じたため、その資本主義・企業と深くつながる中国の富裕層と一体化してしまった。これはたとえば、蔣介石の閨閥《けいばつ》をみれば、すぐわかる。妻の宋《そう》美齢《びれい》は有力財閥・宋家の出であり、その係累が国民政府の要人になって、以後の中国の政界・財界を牛耳った。

蔣介石の出身地の浙江省、とりわけ寧波近辺は、上海金融界のいわばふるさとである。そこから上海へ移住した資本家たちが、近代の中国経済の心臓部を形づくった。上海が一九世紀後半から、中国最大の貿易港として成長し、そこに最大の権益を有する欧米の企業が集中したからである。上海の資本家はこうした外国資本と不可分の関係をとりむすんでいた。蔣介石の勢力をとりこむことで、権力の庇護を得て、いよいよ富を増し、勢力を拡大したのである。

日本語で俗に「浙江財閥」といった。蔣介石ひきいる国民政府も、そうした資本家と一体化し、支持をえたことで、強力な政策推進が可能になる。

しかしそんな経過である以上、南京国民政府の政策は、資本家・富裕層を庇護するものにしかなりえない。三民主義でいうなら、国民政府は民族主義ではあったけれども、民生主義にはなりえない、決して庶民の立場には寄り添え得ない体質の政権だった。

橘樸の絶望

ここは日本人に証言してもらおう。橘樸《たちばなしらき》、一八八一年・大分県生まれのジャーナリストである。数え二十六歳のときに渡って以来、ほぼ一貫して中国に滞在し、『遼東《りょうとう》新報』『京津日日新聞』『満洲評論』などで健筆をふるった。

橘はしかし、目前の時事・ニュースを追いかける記者というより、中国の本質を究めようとした研究者と呼ぶほうがふさわしい。本人も「支那《シナ》社会を対象とする評論家」と自称した。しかも、かの著名な魯迅《ろじん》をして、「僕たちよりも中国のことをよく知っている」といわしめたほどの人物である。著述も数多い。

かれもまた大正デモクラシーに育った日本人インテリと同じく、資本主義に閉塞感を覚え、社会主義に傾倒した。中国で暮らすかれは、中国を「若過ぎる」中世国家だと見立てて、来たるべき革命を夢みていたのである。遠からず中産階級の「ブルジョア革命」をへたうえで、民衆に密着した地方分権的な理想国家に至る。それがかれにとっての中国革命だった。

ところが国民革命の同時代に生きた橘は、それを目の当たりにして絶望した。国民革命の結果、生まれた南京国民政府は、資本家・地主の政治的代辯者にすぎなかったからである。もともとは有していたはずの「小市民性」も、資本家の勢力伸張と反比例して、次第に凋落《ちょうらく》していった、というのがかれの観察であった。

橘がとりわけ憂慮したのが、国民政府の農民政策である。貧農や小作農の福利に寄与するものは見あたらず、そのすべては「地主および富農の利益を計」るものだった。国民政府の政策や組織は、あくまで「資本家および地主のためのものであって、決して貧農または小作農の味方ではな」かった。

かれはこれを「貧農と赤色勢力との接近」と「相表裏」する「国民党および地主富農のファッショ化」だとまとめている。そうした国民政府は、貧農・貧民を基盤とする中国共産党と対立し、その弾圧につとめていたのだから、つまり国共の相剋は、上下乖離した中国社会の構造に根ざすものだった。

橘はかねてより、民衆と乖離した「近代国家」の「中央集権主義」のために、資本主義・帝国主義がゆきづまったとみていた。そのためいかに傾倒した社会主義でも、同じく「中央集権」だったマルクス主義・レーニン主義には、とても同調できなかった。

かくてかれは、中国の政治勢力に絶望し、「満洲国」に自分の理想を託したのである。その悲劇的な結末はもはや、いうまでもあるまい。

「四大家族」「官僚資本」「土豪劣紳」

歴史記録はいつも敗者に冷酷なものである。レッテルを貼って貶めなくてはやまない。「満洲国」の「王道」に走った橘樸に対しても、「右傾」「方向転換」などと非難するのが常である。

第二次世界大戦後の内戦で中国共産党に敗れた国民政府の場合は、もとよりいっそう甚だしい。その一つに「四大家族《よんだいかぞく》」ということばがある。具体的には、蔣（介石）・宋《そう》（子文《しぶん》）・孔《こう》（祥熙《しょうき》）・陳《ちん》（果夫《かふ》・立夫《りつふ》の兄弟）という政府の要人たちを指して言った。蔣介石と孔祥熙は相婿《あいむこ》、その夫人たちの兄弟が宋子文だから、三人は閨閥をなしている。また陳氏兄弟は、国民党の党務を掌握していた。「四大家族」と称した人々からみれば、かれらは天人ともに許しがたい専横な権勢家だったのである。

こういう言辞ないし概念は、もちろん客観的に精確な理解や分析を経たものではないだろう。むしろ政治的なプロパガンダに近い。とりわけ敵対者からみて、そのターゲットをはっきりさせる効果がめざましいからである。かつてアカデミックな学術研究も、ふつうにこれらの用語を使ってきたことに鑑みれば、それがいかほど政治的に偏向したものだったかも推して知るべし、であろうか。

「四大家族」と同じたぐいながら、いっそう社会科学的で、広汎な層を指すことばに、「官僚資本」という漢語がある。具体的には、ほぼ「浙江財閥」と同じものを指しながら、しかしそれだけにとどまらない。官僚と資本、権力と財界との結びつき、われわれのことばで端的にいえば、腐敗の関係をよく示すからである。

調べてみると、たとえばこういう説明が掲げてある。「四大家族」は一九三六年以来、政治特権と経済統制を利用して財産を殖やし、国家経済の命脈をおさえた。一九四九年までに「官僚資本」が独占した工鉱業と交通運輸業の固定資産は、全国の八割、鉄鋼生産は九割、石炭産出は三分の一、発電量は三分の二にのぼり、さらに最大の銀行と独占的な貿易会社も有している。

以上のデータ・数値は、もとより正確な統計ではあるまい。しかし「特権」と「統制」と殖財・独占とが、まったく関係なかったとは、いっそう信じがたい。

都市・中央政府・上層が「官僚資本」なら、ローカルな地方政府で下層のレベルだと、「土豪劣紳」というフレーズがある。これはかつて、在地で財富と権勢を有した「郷紳」のなれの果てにほかならない。大多数は有力な地主だったから、なかんづく大地主・勢力家を敵視した革命側からの蔑称である。

政治の趨勢

以上は最終的に、国民政府と敵対し、これを打倒した中国共産党の用語・説明として定着したもので、やはり体《てい》のいいレッテルではある。しかし火のない所に、煙は立たない。いかに誹謗《ひぼう》でも、そう呼ばれたことに一面の真実を見るべきである。

「官僚資本」「土豪劣紳」は民国時期のことばであるから、たしかに字面は新しい。けれどもその根幹には、「官」と「紳」が存在する。つまり官員・紳士・郷紳であって、それなら王朝時代の有力者層とかわらない。

かれらが富と権勢を握る現象も、旧時と同じである。官僚であれば紳士であれば、政権に近く、権力をもてば、富裕になれる、資産を殖やせる、というのは、かつての「三年清知府」の世界とほとんどかわらない。

二〇世紀に入るころから、中国は激しい変化をはじめた。体制・政体じたいが変わったのである。それまでの官僚制を再編しようと、政治改革運動が起こり、やがて日本をモデルとした立憲制を模索し、ついに王朝を廃して共和制になった。それが一九一一年の辛亥革命に至る歴史経過である。

しかしそのたびに反動、揺り戻しも生じた。中華民国・共和制が成立しても、まもなくその大総統、つまり大統領だった袁世凱じしんが、帝位に就こうとしている。この帝制運動は挫折したものの、不安定な政情は収まらなかったし、やがて前王朝清朝の復辟《ふくへき》すら試みられた。

皇帝制・王朝政体に回帰する可能性すらあったのであり、それを否定して共和制の続いた事実は、たしかに軽視されるべきではない。しかし王朝にかぎらず、たんに独裁制というなら、それはほぼ一貫して継続し、いまも払拭されていない。国民党であろうと、共産党であろうと、それは同じである。いずれもソ連的な民主集中制を採用し定着させ、カリスマ的な指導者を戴いたからであり、またそうなってしまう社会構造という歴史的な条件がそなわっていた。

社会の趨勢

社会のレベルと関わって最も大きな事件というべきは、一九〇五年の科挙廃止であろうか。これで「士」・「庶」の階層を分かつ制度的、手続き的な根拠がなくなったからである。しかし千年以上にわたって培われた身分意識と社会構成は、容易に改まるものではない。中国社会の構造そのものに、大きな変化はどうやら訪れなかった。

王朝時代から民国時代にいたる社会構成の変遷については、個別的な局面の具体的な分析はあっても、全体をみとおす通時的な総括は、学術研究でもあまり進展していない。とりわけ本書で概略を見てきた清代の県衙門の構造や人員など、そうしたローカルなレベルの一般化は、いまだし、である。

たとえば、清代におびただしく存在し、跋扈していた胥吏たちは、いまはいない。それなら二〇世紀以降、かれらはどのように消滅していったのか。その行方すら、よくわかっていないのである。

そのため以下は、従前の研究成果にもとづく筆者なりの大づかみな見通しにすぎない。

おそらく錯誤は多分にまぬかれないだろうが、そこはご寛恕《かんじょ》いただければと思う。

科挙がなくなっても、外国への留学がそのエリート辨別機能を承け継いだ。王朝の官僚制はなくなっても、軍閥勢力と政党国家がその組織に代替した。それでは、「士」・「庶」の分化と懸隔も、旧態依然とならざるをえない。胥吏や衙役のような存在も、公式・表向きには見えにくくなっても、実質的には続いていたとみるべきであろう。

逆もまた真である。むしろ従前の社会構成じたいにあまり変化がなかったからこそ、組織の更新も改廃・変革ではなく、承継・代替でしかありえなかったといえようか。

民族主義の呼号のなか、確かに内外の政治はめまぐるしく移り変わり、制度の名称と外貌も一新をくりかえした。しかしその実質と体系に、どれだけの転換があっただろうか。旧来の上下乖離した二元的な階級構成はほぼそのまま、基層社会の再編統合はすすまなかった。

蔣介石の反共クーデタは、たとえばその典型だろうか。かれ自身は必ずしもそう企図しなかったにせよ、「国民革命」のあるべき意義を半ば失わせた挙なのはまちがいない。社会的に中国を統合できなくしてしまったからである。

そうした事情は、橘樸の観察にも明らかである。すでに述べたとおり、かれは「地主富農」と「貧農」という農民層の二極分解が、国民党と共産党の相剋をもたらしていると喝破した。

もっともそれは、何も当時いきなり、初めて生じた現象ではない。王朝時代から連綿と続いてきた社会構成なのであって、ついには蔣介石と国民政府をも蹉跌《さてつ》に導く、「官僚資本」的な腐敗の構造的な要因をなすものだった。

むすびに——現代中国を展望する

日中戦争を通じて

世界恐慌をへて一九三〇年代に入ると、東アジアの政局は、日中の全面衝突へ向かって動き出す。日本が満洲事変を起こし、「満洲国」を建てた後は、中国の民族主義・反帝国主義も「抗日」にほぼ等しくなって、両国はほぼ戦争状態に入った。

日本との戦争は一九三七年、盧溝橋《ろこうきょう》事件と第二次上海事変で全面化する。それまで死闘をくりひろげていた国民党と共産党も、提携するにいたった。日本帝国主義がついに共通の標的と化したわけである。

日中戦争は当初、日本軍が中国の要地を次々に占領して、優勢だった。けれども国民党も共産党も、内陸で頑強な抵抗を続けて屈しなかった。それはあたかも、沿海の先進都市部を支配し、軍事的にも経済的にも優位にあった蒋介石の南京国民政府が、地方農村を基盤とする共産党を倒せなかったのと似ている。

日中戦争はそうした意味で、どこまでも歴史の継続だった。民族主義から転じた「抗日」もそうだし、国共の相剋から移り変わった日中の戦闘もそうである。

中国側からみた日中戦争は、外敵・外圧に対する抵抗、民族主義の発露であって、それ自体が必ずしも、社会の構造変革をめざしたものではない。しかし都市と農村、沿海と内陸、富裕層と貧困層という、かつて国民党と共産党を分かっていた分断構造は、今度は日本軍と国共とを分かった。

しかも日中戦争は、総力戦の様相を呈し、国民政府も共産党も総動員体制を余儀なくされる。つまり戦争遂行のために、権力が民間をもこぞって動員しなくてはならず、そのためには民間人を個別に一人一人把握しなくてはならない。

これは中国在来の政権の、かつてなしえなかったことである。久しく民間社会を直接に掌握することがなかった権力は、半ば強制的に基層社会へ浸透した。従前の「士」という上層エリートと「庶」の基層社会とがはるかに乖離した二元構造は、ようやく動揺しはじめ、上下が貫通する契機も生じる。

中国の一九三〇年代・四〇年代は、戦禍に見舞われた厭うべき時代だった。けれどもそれと同時に、日本帝国主義という敵対者の出現と存在を通じて、戦時体制を構築するなか、上下の一体化・社会の一元化を模索していた時代でもあったのである。

蔣介石から毛沢東へ

莫大な被害をうけながらも、中国が日本との戦争に「惨勝」すると、呉越同舟《ごえつどうしゅう》だった国民党と共産党はまもなく衝突し、内戦に突入した。その帰趨を決めたのは、日本軍が占拠していた沿海の都市部・経済先進地域の向背にある。蔣介石・国民党はその掌握に失敗した。とりわけハイパー・インフレを招来した拙劣な通貨管理・経済政策に顕著であって、日中戦争時にみまがう混乱をひきおこしたのである。

その一方で、戦時物資の接収・分配、あるいは徴税や司法をめぐって、国民政府の綱紀弛緩・腐敗蔓延は、目に余るものがあった。国民党を支持、支援したアメリカの当局も、あきれたほどである。アメリカでさえそうなのだから、敵対する中国共産党がプロパガンダにつとめないはずはない。共産党の陳伯達《ちんはくたつ》が『中国四大家族』『人民公敵蔣介石』を著《あらわ》したのも、この時である。

国民政府はかくて、日本から奪回した先進地域の人心を失って、敗退する結果になった。

毛沢東《もうたくとう》ひきいる中国共産党は、むしろ内陸の農村、辺境の後進地域を地盤とする。「農村が都市を包囲する」という自らのスローガンをあたかもなぞるように、内戦は共産党の勝利に終わった。

そうはいっても、大陸に勝ち残った共産党が、この時点でどれだけ民間の社会を掌握していたかは未知数である。国民政府が敗北を喫したのは、社会から浮き上がっていたからだ、といえるにしても、それはなお程度・比較の問題でしかない。

かくて一九四九年一〇月一日に建国した中華人民共和国の課題は、自ずから決まってくる。国民政府もまぬかれなかった政権・国家の腐敗と社会との隔絶、そしてそれを生み出す社会構成のありようを変革するにあった。革命はどうやら、まだ終わるわけにはいかないようである。

戦時統制と社会統合

中国をとりまく対外的な環境は、いよいよ厳しかった。中華人民共和国建国まもなく勃発した朝鮮戦争など、東西の冷戦構造が続くなか、共産党が支配する大陸は、西側諸国との経済関係が極度に制限され、世界経済とはほとんど断絶していたのである。

かつての国民政府は、世界経済とつながる沿海地域の商工業を保護し、英米の国際通貨とリンクした通貨で幣制を統一して、国民経済を統合しようとした。ところが毛沢東政権は、それとはまったく逆のコースを歩んでいる。西側と鋭く対立したことで、国内経済を資本主義世界経済と切り離して、統制管理のもとに置いたからである。

「計画経済」の体制のもと、農村では農業の集団化を、都市では商工業企業の国営化をすすめた。いずれも民間経済に政府当局・党権力が密着し、中央の意思を現場へ徹底させようとするものである。

人民元による通貨統一は、その典型に数えてよい。そのつい四半世紀前まで、通貨は中国各地でバラバラだった。雑多な貨幣や軍票を駆逐して、全国一律の管理通貨制を布いたのは、幣制改革につとめた南京国民政府もなしえなかった事業である。史上空前といっても、過言ではない。

国民経済の統合と「計画経済」の実施は、たしかに民族主義・社会主義の達成であり、共産党がめざした目標であった。しかしその実質は、どうだろう。むしろ、外圧に対抗する政治的・軍事的な動機によるもので、嶮《けわ》しい国際情勢に応じた戦時統制とみなすべきである。必ずしも社会的経済的な合理性に合致したものではない。

基層社会への権力浸透は、日中戦争以来の総動員体制から進展していた。その余勢を駆った戦時統制による上下の一体化だったといえよう。それなら制度の急速な変化とは裏腹に、人々の意識はあまり変わらなくとも不思議ではない。

文化大革命への道

一体化した国民国家は、二〇世紀の中国が念願したものである。共産党のひきいる中華人民共和国は、それを実現したように見えた。面目を一新したといってよい。日中戦争までの中国社会は、官吏の腐敗・犯罪の多発・匪賊《ひぞく》の横行が常態だった。ところが少なくとも外からみるかぎり、当時の中国では、官吏は清廉質素となり、盗賊・犯罪が姿を消す、という史上かつてない現象を呈したのである。蔣介石の国民政府の反省から発足した毛沢東政権の成果にはちがいない。

一九五〇年代・六〇年代、日本の知識人はそんな中国をこぞって礼賛した。今となってはほとんど評価できない言動ながら、当時の中国が従前とまったく異なった理想郷に見えたのも、一面の事実である。そこを見のがすわけにはいかない。ひるがえって、現代のわれわれの中国観も、みつめなおしてみる必要がある。

しかし中国の実情は、建国以来、少なからず混迷していた。中華人民共和国建国の二年後におこった三反運動は、それを代表する事件だろう。「三反」とは党幹部・官僚の汚職・浪費・官僚主義に反対し、これを告発することを指す。つまり反「腐敗」の一大キャンペーンだった。重大案件で摘発された者はおよそ二十九万人、大都市の党幹部にも処刑者が出るほどで、天下をとった共産党に、それだけ「腐敗」がひろがっていたともいえる。

もっとも、これは公式・法的な手続を経ない、民衆に宣伝して動員をかけた摘発であった。官僚の自制、官吏相互の監視や検挙、あるいは制度の改革では効果が期待できない、とみた措置である。そのため、おびただしい冤罪も生まれた。だとすれば、官僚・党員と庶民・大衆とはやはり截然と分かれていたのであって、「官」「民」、ないし「士」「庶」で上下乖離した二元社会を前提とした運動にほかならない。

ともかくこれで官僚に対する統制が著しく強まり、確かにいったんは腐敗のない政権になったかのようだった。しかしそれも非常事態の強要にすぎず、当事者がこぞって納得したものではなかったらしい。

それをよく示すのは、一九五七年の百花斉放《ひゃっかせいほう》・百家争鳴《ひゃっかそうめい》で、自由な発言をうながされた知識人の体制批判である。この時、党幹部と農民との所得格差を厳しく指摘する声すら

図表26　文化大革命を祝う、おびただしい数の紅衛兵。1966年、北京にて撮影（提供：中国通信／時事通信フォト）

あがった。共産党は狼狽して、あわてて弾圧に転じ、批判者たちに「右派」のレッテルを貼って、社会的地位を剝奪した。いわゆる反右派闘争である。

同じことは、一九六六年からはじまった文化大革命で、いっそう大規模にくりかえされた。この十年の動乱をあらためて詳述する必要はあるまい。「四人組」のよびかけに応じて、おびただしい「紅衛兵《こうえいへい》」が出現し、兇行のかぎりをつくした。その事実から、中国社会がなお上下隔絶する二元構造だったこと、毛沢東たちはその下層を動員し、かれらに上層を撃滅させて、社会の一元化をめざしたことがうかがわれる。

毛沢東たちの主観的な意図はどうあれ、文革の惨憺《さんたん》たる結末はかくれもない。なかんづく最貧国レベルに落ちこんだ経済である。何にもまして、その復興を優先しなくてはならなかった。

復権を果たした鄧小平《とうしょうへい》らは、毛沢東的な上下一体化はあきらめ、共産党の支配を維持しながら、同時に経済を再建する方針をたてる。それが一九七八年にはじまる「改革開放」であって、のち「社会主義市場経済」という現在の体制に結実した。

「改革開放」

「社会主義」と「市場経済」という一見あい矛盾する概念・制度の組み合わせは、中国の実情に適合していた。政治は「社会主義」の共産党政権が独裁的にひきうけ、経済は民間が自由な「市場経済」をとりいれる。毛沢東も最後まで克服できなかった上下乖離の二元構造に応じていた。「改革開放」がめざましい成果を収めたのも、そのためである。

一九八〇年代前半までに農村改革が成功して、生産力が回復、伸長すると、都市にも商品経済を容認して、企業活動が活性化した。九〇年代に入って、「市場経済」の全面化にふみきると、中国は長期にわたる高度成長を実現してゆく。その結果が現在の経済大国なのである。

「社会主義市場経済」が中国旧来の社会構成に応じた体制だとするなら、それに根ざす弊害も、また免れない。かつて実現したかに見えた官吏の清廉潔白や犯罪の根絶は、毛沢東がめざした中国の一体化によって、みなが貧しくなった結果であった。本書132～134頁にみた陸隴其の「清貧」を髣髴《ほうふつ》させる。「改革開放」以後、継続する経済発展は、あくなき富の追求と、それにともなう格差の拡大を生み出した。こちらはいわば、乾隆の「盛世」から二〇世紀にいたる歴史にあたり、「腐敗」の蔓延・犯罪の多発という社会不安を深刻化させている。

時を同じくして、「国進民退」というフレーズも、人口に膾炙した。具体的には、国有企業の肥大と民間企業の縮小を指していうが、国家と民間の乖離と対立関係を示すに、これほどふさわしい表現もあるまい。

二元構造の上下乖離が、あらためて拡大した所産である。もちろんその上層を占め、富裕化したのは、共産党員とその縁類、もしくは関連企業にほかならない。その豪奢に比べれば、七十年前・国民政府時代の「四大家族」など、おそらく足許にもおよばないだろう。

「亡党亡国」

これでは共産党の要人も、さすがに危機感をいだかざるをえない。胡錦濤《こきんとう》前国家主席は二〇一二年、第一八回中国共産党大会の政治報告要旨で、「腐敗」問題が解決できなければ、党は致命的なダメージを受け、「亡党亡国」になると述べた。同年一一月、党総書記に就任したばかりの習近平も、「腐敗」問題が深刻化すれば、「きっと亡党亡国の結果になる」と口をそろえている。なればこそ習近平新政権は、敢《あ》えて強権的な手法をも辞さずに、反「腐敗」キャンペーンを張ったのである。

「亡党亡国」は文字どおり、共産党が亡んで中国が亡ぶ、という意味なのだろう。一党独裁・「党国家《パーティ＝ステート》」・民主集中制らしい認識ながら、句作りとしては、顧炎武の「亡国亡天下」を下敷きにしたものらしい。そこにどうやら現代中国の矛盾と苦悩もかいまみられる。

そもそも「亡国亡天下」というフレーズは、「国」＝政権と「天下」＝中国世界とを、判然と別個に分かつところに要諦がある。政権が亡んでも必ずしも中国の滅亡ではなく、また政権と一般庶民はほとんど関係がない。その二元構造をみすえたのが、一七世紀の顧炎武の現状認識であった。かたや二一世紀の習近平・中国共産党にとっては、「党」＝政権と「国」＝中国とはイコールなのが、その自意識である。

それは確かに、中国革命の理想であったかもしれない。しかしここまで見てきたとおり、ほんとうに実現したことがあっただろうか。理想が現実の前に挫折を続けてきたのが、文化大革命にいたるまで、二〇世紀のたび重なる革命の歴史ではなかっただろうか。顧炎武のかつての現状認識は、なお現代中国にもあてはまってはいないだろうか。

習近平は二〇一七年の第一九回党大会、および昨年三月の全人代で、国家主席の任期制限を撤廃することを決め、終身で任じつづける意向を示した。それを民間がただちに「皇帝の即位」・「袁世凱の再来」と揶揄《やゆ》したのは、何とも暗示的である。

反「腐敗」をめざす政権が、旧体制に回帰してゆく現代中国。そこにはやはり、歴史の力が重く、鈍く、深く、強く作用しているとみるのは、歴史家の僻目《ひがめ》だろうか。

あとがき

「腐敗」といって、筆者が真っ先に思い浮かべる文章は、渡部昇一《わたなべしょういち》「腐敗の効用」というエッセイである。出たのは四十年以上も前の昭和五十年ごろ、田中角栄《たなかかくえい》の内閣退陣やその金権政治の時代だった。当時はまだ物心ついたばかりの年齢だから、そのエッセイを読んだのは、もちろんずいぶん後のことで、リアルタイムの実感はない。それでも「腐敗」は繁栄をうながし、「正義」が平和を破壊するという逆説を学んだ。その趣旨を凝縮すれば、「正義は国を滅ぼす」が、「汚職は国を滅ぼさない」という山本夏彦《やまもとなつひこ》の章句になる。

今や平成も終わる二〇一九年。目前の中国も大国化にともない、「腐敗」の現象がきわだっている。深刻な事態ではあって、「亡国」の危機さえ叫ばれた。中国では「腐敗」が国を滅ぼすらしい。

かつて学んだ日本人の「腐敗」の基準・概念で、そんな中国をみてよいのか。渡部・山本の言説・論理が通用するのか。中国・歴史を齧《かじ》った立場からすると、そこでどうしても逡巡、躊躇してしまう。

小著はひとまず日本人がわかりやすいように、「腐敗」「格差」と題したし、文中もそう書いた。おそらく今の中国でも、同じ漢語で、同じ物言いをするだろう。否応なくそうせざるをえない。

しかし中国に存在するのは、日本では思いもよらない規模《スケール》の「格差」であり「腐敗」である。およそ異次元ともいえそうで、同じ字面・概念でいいあらわすのが、ほんとうに正しいのかどうか。そこから問題にしなくてはならない。

それなら、当の中国の政治・社会の構造とその由来を明らかにしてゆくところから、はじめる必要がある。実は筆者の従事する東洋史学の先達は、つとにそうした研究にとりくんできた。中国史の全体にわたるその高水準な成果を確かめてゆけば、どうやら目的の半ば以上は達せられるのではないか。歴史をたどるのが、迂遠《うえん》に見えながらも結局は、目前の理解に捷径《しょうけい》だろう。兼ねて、あまり知られない日本の東洋史学のエッセンスもお伝えできれば、一石二鳥といってよい。

NHK出版放送・学芸図書編集部の山北健司さんから小著執筆のお話があったのは、二〇一六年の初夏だから、ずいぶん以前の話である。とりとめもなく、中国の現状と歴史の話をしているうちに、上のような筋書きで意気投合、本を作ることとなった。

しかしそれからが渋滞のくりかえし。人並みに多忙という言い分はあっても、それはこのご時世、誰しも大なり小なり同じなので、言い訳にはならない。やはり荷の勝ちすぎた仕事だったのである。

いかにすぐれた個別研究はあっても、咀嚼《そしゃく》消化して組み合わせ、過不足を整えて筋の通った通史の叙述とするには、あまりにも浅学菲才《ひさい》、時間ばかり過ぎてゆく焦慮に悩まされることも、一再ならず。そのたび山北さんの卓抜な助言と暖かい督励《とくれい》をいただき、どうにか最後までたどりつくことができた。

そんな難渋な執筆にあたって、これまたいつもどおり、畏友の君塚直隆さん、村上衛さん、根無新太郎さんに種々ご教示をいただいている。根無さんには、巻末の年表作成でもお手を煩《わずら》わせた。記して満腔の謝意を表したい。

「中国における腐敗と成長との並存は、より中国の本質に根差した特徴を持っている」

先般逝去された中国経済学者・加藤弘之先生の遺著の一節である。ずっとご交誼《こうぎ》とご教示を忝《かたじけな》くしていた先生から、最後にいただいた課題のように感じながら、これまた数年たってしまった。いわゆる「本質」の内実は、中国が経てきた歴史そのものに存するはず、そう確信して小著を世に問う。彼岸にあっては叱正《しっせい》いただけないのが、どうにも悔しい。

二〇一九年一月　厳冬の洛北にて

岡本　隆司

文献案内

小著は「腐敗」「格差」を切り口として、コンパクトに中国史の全体をみわたすのが目的である。だから執筆にあたって参照した著述は、決して少なくないし、日本語・外国語を問わない。すべて並べてもあまり意味はないし、またキリもないので、本文で引用した重要な、かつ親しみやすいものを中心に紹介するにとどめる。

まずは古代史。学界の最先端では、金石文や出土文字資料に拠る書き換えが盛んである。

佐藤信弥『周——理想化された古代王朝』中公新書、2016年
冨谷至『古代中国の刑罰——髑髏《されこうべ》が語るもの』中公新書、1995年
冨谷至『中華帝国のジレンマ——礼的思想と法的秩序』筑摩選書、2016年

しかし古代だけでは、中国史を体系的に理解できない。現代と密接につながってくるのは10世紀以降、いわゆる「唐宋変革」以後の歴史である。

これを世界ではじめてとなえたのが内藤湖南。少し前にその講義録が復刊されたので、うれしくて思わず引いてしまった。

内藤湖南『中国近世史』岩波文庫、2015年

その唐宋変革論は、東洋史学の基軸となっており、内藤の衣鉢を継いだのが宮崎市定である。宮崎はもともと宋代史を専門

としており、その自負も強かった。以下が手頃な代表作である。

宮崎市定著／礪波護編『東洋的近世』中公文庫、1999年

宮崎には『宮崎市定全集』（全25巻、1991~94年）がそろっており、小著に関しては、その第10巻『宋』が必見である。

また清代については、ひとまず以下の２冊が入りやすい。もちろんいずれも全集に収録する。

宮崎市定『雍正帝――中国の独裁君主』中公文庫、1996年

藍鼎元著／宮崎市定訳『鹿洲公案――清朝地方裁判官の記録』平凡社東洋文庫、1967年

もっとも明清時代の歴史は戦後になってから、急速に研究の進んだ分野ということもあって、今もって手軽にアクセスできるものは少ない。見るべきはどうしても、学術専門書が多くを占める。本文中に研究者の名前をあえて出さなかったのも、そのためである。ここではめぼしいものだけ、あげておきたい。

清代の官僚機構の概略については、ずいぶん古くなったけれども、やはりまず以下を参照すべきである。

坂野正高『近代中国政治外交史――ヴァスコ・ダ・ガマから五四運動まで』東京大学出版会、1973年

戦前に出た『清国行政法』にならいつつ、戦後の研究成果をとりいれ、嚙みくだいて解説する第２章の叙述が参考になる。

これにつけ加えるなら、法制史の観点から説明してくれる以

下の２冊。

滋賀秀三『清代中国の法と裁判』創文社、1984年
寺田浩明『中国法制史』東京大学出版会、2018年

上は裁判機構の、下はさらに社会のありようを組みこんだ論述になっている。
税金やいわゆる「腐敗」のことをもっと知りたければ、やはり清代が最も詳しくわかっている。

安部健夫『清代史の研究』創文社、1971年
岩井茂樹『中国近世財政史の研究』京都大学学術出版会、2004年

以上は日本・世界最高峰の研究であって、このあたりに対する理解が日本人一般に普及すれば、その中国観もずいぶん変わるのではなかろうか。
現代の中国経済を「制度」的、構造的に考えるためには、以下が不可欠。

加藤弘之『中国経済学入門――「曖昧な制度」はいかに機能しているか』名古屋大学出版会、2016年

最後に。フルに使った関連の拙著をいくつか。

岡本隆司編『中国経済史』名古屋大学出版会、2013年

上は中国史全体をコンパクトにまとめた社会経済通史である。そのうち、明清の社会構造・体制をややくわしく説いたのが、以下の著述。

岡本隆司『近代中国史』ちくま新書、2013年
岡本隆司『中国「反日」の源流』講談社選書メチエ、2011年

同じ趣旨ながら下は同じ時代の日中比較を試みたもので、こちらのほうがわかりやすいかもしれない。

最後に、小著で多くを占めた清朝史の概説。

岡本隆司『清朝の興亡と中華のゆくえ――朝鮮出兵から日露戦争へ』講談社、2017年

歴史は現代と分かちがたく結びついていると実感したい。

関連年表

西暦	時代	事項
前350	春秋戦国	秦において郡県制が行われる
前255		秦、西周を滅ぼす
前249		秦、東周を滅ぼす
前221	秦	秦王政、天下を統一。皇帝即位（始皇帝）。郡県制を全国に施行
前213		焚書坑儒（〜前212）
前209		陳勝・呉広の乱。劉邦、挙兵
前206		秦の滅亡。項羽、西楚の覇王を名乗る。劉邦、漢王となる
前202	漢	劉邦、項羽を破り天下統一、皇帝に即位（漢の成立）
前154		呉楚七国の乱
前141		武帝即位
前136		武帝、董仲舒の建議で五経博士を置く（儒教の台頭）
前120〜119		塩・鉄の専売
前90頃		司馬遷、『史記』を著す
前87		武帝死去。昭帝即位
8		王莽、帝位を簒奪し新を建国
23		王莽の殺害。新の滅亡
25		劉秀、皇帝即位。漢の中興（後漢の成立）
220	三国	曹丕、献帝より禅譲（魏の成立）、九品官人法を制定
221		劉備、皇帝即位（蜀漢の成立）
229		孫権、皇帝即位（呉の成立）
265		司馬炎、魏より禅譲を受けて皇帝に即位（晋の成立）
280	六朝	晋、呉を滅ぼし天下統一
291		八王の乱（〜306）
304		匈奴の劉淵、漢王を称す（308、皇帝即位）
311		劉淵の子、劉聡、洛陽を攻略（〜316、永嘉の乱）。華北で割拠政権（五胡十六国）
317		司馬睿、建康にて皇帝に即位（東晋の成立）
420		劉裕、東晋より禅譲を受け皇帝に即位（宋の成立）
439		北魏、華北を統一
485		この頃、北魏で均田制が開始

西暦	時代	事項
479	六朝	蕭道成、宋より禅譲を受け皇帝に即位（斉の成立）
502		蕭衍、斉より禅譲を受け皇帝に即位（梁の成立）
534～535		北魏が東魏と西魏に分裂
550		高洋、東魏より禅譲を受け皇帝に即位（北斉の成立）
557		宇文覚、西魏より禅譲を受け即位（北周の成立）。陳覇先、梁より禅譲を受け即位（陳の成立）
577		北周、北斉を滅ぼし華北を統一
581		楊堅（文帝）、北周より禅譲を受け、皇帝に即位（隋の成立）
587		科挙が始まる
589	隋	隋、陳を滅ぼし天下統一
604		文帝死去。煬帝即位
617		李淵挙兵、長安を攻略
618	唐	李淵（高祖）、隋より禅譲を受け皇帝に即位（唐の成立）
626		李世民即位（太宗）。貞観の治
712		玄宗即位
721		この頃、募兵制へ転換
755		安禄山の挙兵（～763、安史の乱）
875		黄巣の乱（～884）
907	五代十国	朱全忠、唐より禅譲を受け、皇帝に即位（後梁の成立）
916		耶律阿保機、契丹を建国
923		李存勗、後梁を滅ぼし皇帝に即位（後唐の成立）
936		石敬瑭、契丹の援助を受け後唐を滅ぼし、皇帝に即位（後晋の成立）。契丹、燕雲十六州を得る
947		契丹、後晋を滅ぼし国号を遼とする。劉知遠、皇帝に即位（後漢の成立）
951		郭威（太祖）、後漢を滅ぼし皇帝に即位（後周の成立）
954		柴栄、郭威の後を受け皇帝に即位（世宗）
958		柴栄、十国の一つ南唐を攻撃。南唐、江北を割譲して和睦
960	宋	趙匡胤（太祖）、後周より禅譲を受け皇帝に即位（宋の成立）
976		趙匡胤死去。弟の趙匡義が皇帝に即位（太宗）
1004		宋、契丹（遼）との間に澶淵の盟を結ぶ

西暦	時代	事項
1067	宋	神宗即位
1069		王安石、新法を開始
1084		司馬光、『資治通鑑』を著す
1085		神宗死去。哲宗即位。司馬光の登用、新法の廃止
1115		金の建国
1125		金により遼滅亡
1127		金、宋都開封を攻略（靖康の変）。高宗、即位（南宋の成立）
1138		南宋、杭州臨安府を行在とする
1234		モンゴルにより金滅亡
1260		クビライ即位
1271	元	クビライ、国号を大元とする
1274		元による第一次日本遠征（文永の役）
1279		元により南宋滅亡
1281		元による第二次日本遠征（弘安の役）
1351		紅巾の乱（〜 1366）
1356		張士誠が蘇州で、朱元璋が南京で自立
1367		朱元璋、張士誠を攻略
1368	明	朱元璋（太祖、洪武帝）、南京で即位（明の成立）。明の北伐を受け、元、モンゴル高原に退避
1398		洪武帝死去。建文帝即位
1399		燕王朱棣の挙兵（靖難の変）
1402		朱棣、南京を攻略し皇帝に即位（永楽帝）
1403 〜 21		北京遷都
1583		ヌルハチの挙兵
1592		豊臣秀吉の朝鮮出兵（文禄の役）。明の参戦
1597		秀吉、第二次朝鮮出兵（慶長の役）
1616		ヌルハチ即位（後金の成立）
1626		ヌルハチ死去、ホンタイジ即位
1627		明で崇禎帝即位
1636		ホンタイジ、国号を大清国とする
1643		ホンタイジ死去。息子フリン、後を継ぐ（順治帝）

西暦	時代	事項
1644	清	李自成、北京攻略。崇禎帝自殺（明の滅亡）。清軍の入関、北京攻略。李自成敗走
1645		清軍、南京を攻略、辮髪令の発布
1661		順治帝死去。康熙帝即位
1663		黄宗羲、『明夷待訪録』を著す
1670		顧炎武、『日知録』を著す
1673		三藩の乱起こる（～ 1681）
1683		鄭氏政権を降し台湾を平定
1689		ロシアとの間にネルチンスク条約を締結
1722		康熙帝死去。雍正帝即位
1723		この頃より養廉銀の支給が行われる
1735		雍正帝死去。乾隆帝即位
1751		乾隆帝、江南巡幸（1757、1762、1765、1780、1784にも）
1796		乾隆帝退位、嘉慶帝即位。白蓮教の乱（～ 1804）
1799		乾隆帝死去。嘉慶帝、親政を行う
1820		嘉慶帝死去。道光帝即位
1840		アヘン戦争
1842		南京条約の締結
1850		道光帝死去。咸豊帝即位
1851		太平天国の乱（～ 1864）
1860		英仏連合軍の北京入城、北京条約締結。咸豊帝、熱河へ避難
1861		熱河で咸豊帝死去。同治帝即位
1875		同治帝死去。光緒帝即位
1894		日清戦争
1895		下関条約締結
1900		義和団事変。八ヵ国連合軍の北京占領
1901		北京議定書（辛丑条約）調印
1904		日露戦争
1905		孫文、東京で中国同盟会を結成。科挙の廃止
1908		光緒帝と西太后、死去。宣統帝即位
1911		武昌で革命派の暴動、各省の独立（辛亥革命）

西暦	時代	事項
1912	中華民国	南京で中華民国の成立、孫文が臨時大総統就任。北京では宣統帝退位（清朝滅亡）
1913		孫文、日本亡命。袁世凱、大総統就任
1914		第一次世界大戦勃発（～1918）
1915		袁世凱、皇帝即位
1916		袁世凱、帝制を撤回、死去。この頃から華北で軍閥の混戦
1917		張勲、清朝の復辟を画策（復辟事件）
1919		5月、パリ講和会議への反対から五四運動起こる。10月、孫文、中国国民党を結成
1921		上海で中国共産党結成
1924		1月、国共合作。孫文、「三民主義」講演
1925		3月、孫文、北京で死去。5月、上海で五・三〇事件。7月、中国国民党、広州に国民政府を設立
1926		国民政府、国民革命軍を北伐に派遣（国民革命の開始）
1927		蔣介石、反共クーデタを敢行、南京国民政府を樹立
1928		国民革命軍、北京を占領、北伐の完了。米中関税協定によりアメリカとの関税自主権を回復
1930		日本と日中関税協定を締結、関税自主権の回復を達成
1931		満洲事変
1932		満洲国の建国
1935		幣制改革
1937		盧溝橋事件、第二次上海事変勃発（日中戦争始まる）。第二次国共合作
1945		日本の降伏、日中戦争の終結
1946		国共内戦
1949	中華人民共和国	10月、中華人民共和国の成立。12月、蔣介石、台湾に逃れる（中華民国の台湾移転）
1950		朝鮮戦争
1951		三反運動の開始（～1952）。この頃から中華人民共和国で通貨（人民元）の安定が進められる
1954		通貨の人民元への統一が完了
1955		人民元の切り下げ（デノミネーション）。通貨安定の完了

西暦	時代	事項
1957	中華人民共和国	百花斉放・百家争鳴
1966		文化大革命（～1977）
1971		中華人民共和国、国連に復帰
1976		毛沢東死去
1977		鄧小平の復権
1978		改革開放。日中平和友好条約締結
1979		米中国交正常化
1993		社会主義市場経済を憲法に明文化
2012		習近平、党総書記に就任、反「腐敗」キャンペーンの開始
2013		習近平、国家主席に就任
2015		周永康、無期懲役刑となる
2018		国家主席の任期制限を撤廃

岡本隆司 おかもと・たかし
1965年、京都市生まれ。
京都大学大学院文学研究科博士後期課程単位取得退学。
現在、京都府立大学文学部教授。博士(文学)。専攻、近代アジア史。
主な著書に、『近代中国史』(ちくま新書)、
『近代中国と海関』『属国と自主のあいだ』
(いずれも名古屋大学出版会、前者で大平正芳記念賞、
後者でサントリー学芸賞を受賞)、
『中国の誕生』(名古屋大学出版会、
アジア・太平洋特別賞・樫山純三賞受賞)、
『李鴻章』(岩波新書)、『中国の論理』(中公新書)がある。

NHK出版新書 583
腐敗と格差の中国史
2019年4月10日 第1刷発行

著者 岡本隆司
発行者 森永公紀
発行所 NHK出版
〒150-8081東京都渋谷区宇田川町41-1
電話 (0570) 002-247(編集) (0570) 000-321(注文)
http://www.nhk-book.co.jp (ホームページ)
振替 00110-1-49701

ブックデザイン albireo
印刷 新藤慶昌堂・近代美術
製本 藤田製本

Printed in Japan ISBN978-4-14-088583-3 C0222

NHK出版新書好評既刊

ルポ 中年フリーター
「働けない働き盛り」の貧困
小林美希
この国で増加の一途を辿る中年フリーター。なぜ彼らは好景気にも見放されてしまったのか？ 当事者取材から「見えざる貧困」の実態を描く。
566

すべての医療は「不確実」である
康永秀生
がん治療をはじめ医療をめぐる情報は氾濫するばかり。惑わされないために、医療統計のプロが〝科学的根拠〟を手掛かりに秘訣を伝授する！
567

習近平と米中衝突
「中華帝国」2021年の野望
近藤大介
貿易戦争から技術覇権、南シナ海まで。激しく対立する米中関係の行方を長期取材で読み解く！「アジア新皇帝」習近平の世界戦略に鋭く迫る一冊。
568

マルクス・ガブリエル 欲望の時代を哲学する
丸山俊一＋NHK「欲望の時代の哲学」制作班
若き天才哲学者の密着ドキュメント番組を書籍化。哲学の使命とは何か？ 日本の「壁」とは何か？ 平易な言葉で「戦後史」から「日本」まで語りつくす！
569

手帳と日本人
私たちはいつから予定を管理してきたか
舘神龍彦
旧日本軍の「軍隊手牒」から現代の奇怪な「スピリチュアル系手帳」まで。知られざる手帳の歴史から、日本人の時間感覚や仕事観を解き明かす！
570

「AＩ資本主義」は人類を救えるか
文明史から読みとく
中谷 巌
人類誕生から資本主義勃興にいたる広大な歴史をふまえ、AＩ登場によって劇的な転換を遂げる人類と世界の未来を展望する。
571